무학원론·무학실전

정통
실전
태권도

신효균 · 박영수

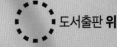
도서출판 위

책을 펴내며

이 교본은 실전태권도 창시자 박영수 선생의 위대한 무예업적을 영원히 기리고 보존하기 위해 그의 무예철학과 무학실전 체계의 지도내용을 알기 쉽게 정리한 무예실기 지도서이다.

이 책 속에는 실전태권도의 "맥"이 그대로 전수되어 온 그의 어록과 구전자료 뿐만 아니라 그의 제자들이 작성한 교습방법 및 미출간 간행물 등의 자료가 폭 넓게 수집되어 담겨져 있다. 다만, 실전태권도의 역사성을 고려하여 동일한 내용일 경우에는 그의 제자들과의 면담을 통해서 더 정확한 정보를 확인하고 정리하였음을 밝혀둔다.

실전태권도는 박영수의 오랜 수련과 연구를 통해 얻은 태권도의 이론서이자 실기서이다. 그러나 그의 저술은 스승 신효균의 지지와 후원이 아니었다면 세상에 빛을 보기 어려웠다. 그런 점에서 실전태권도는 박영수와 신효균에 의해 탄생한 저술이라고 할 수 있다.

현재 태권도가 세계적인 스포츠로 다양하게 발전하고 있으나, 실전무예로서의 기능은 갈수록 약해지고 있다는 우려가 커지고 있다. 이에 본 실전태권도의 간행을 계기로 태권도의 실전성 및 무예로서의 기능이 회복되기를 기대한다. 마지막으로 이 책을 펴내는 데 많은 도움을 준 한국체육대학교 태권도학과 이재봉 교수와 김용승 조교에게도 각별히 고마운 마음을 전한다.

2020. 6.

편집자
한국체육대학교 명예교수 **정 락 희**

추 천 사

하늘이 일깨워준 무예의 극치인! 나의 스승! 무천 박영수 큰스승님!

저의 모든 마음의 정성을 모아 당신의 영전에 이 책을 바쳐 올립니다. 또한 당신과 함께 삶의 전부를 오로지 태권도에 인생을 바치신 당신의 스승이신 신효균(전 태권도 문무관 총관장) 회장님께도 충심으로 엎드려 큰절을 올립니다. 그리고 이 책이 나오기까지 수년동안 혼신의 열정을 다해 도움을 주신 한국체육대학교 초대 태권도학과장 정락희박사께도 진심으로 감사를 드립니다.

저는 박영수 스승님의 가르침이 곧 저의 삶을 지탱하는 정신적 가치이자 인생의 전부였습니다. 지금으로부터 40여년 전 제가 19세 되던 때에 성북구 돈암동 태권도 문무관 본관에 입문하여 스승님의 제자가 되었을 때, 그 벅찬 감동과 전율은 지금도 결코 잊을 수가 없습니다. 실전태권도의 원리와 이론을 실제 시연하시면서 지도해 주시던 스승님의 열정에 저는 며칠씩 잠도 설쳐가면서 스승님으로부터 배운 실전태권도의 동작기술들과 비법들을 죽도록 반복적으로 연습하였던 기억들이 지금도 생생하게 저의 뇌리에 느껴지곤 합니다. 스승님은 오로지 실전태권도를 통하여 인간의 궁극적인 삶의 가치를 추구하는 진정한 무도인이었습니다. 이렇듯 스승님의 심오한 무학의 학문적 가치와 실전태권도의 무도적 가치는 영원히 길이길이 빛날 것입니다.

이 책은 기초단계부터 고급단계까지 알기 쉽게 실전태권도의 단계별 심화과정을 통해 태권도 유단자 이상이면 누구나 쉽게 배우고 지도할 수 있도록 짜여져 있습니다. 그리고 각 동작기술마다 반복적인 수련을 통하여 무술실력과 기량이 향상되어가는 과정 속에서 각 개인마다 실전태권도 동작기술의 오묘한 비법을 터득하면서 정신적 쾌감과 성취감을 직접적으로 느낄 수 있을 것입니다.

무(武)의 근원은 시작과 끝이 같다!

진리에 뜻을 두고 정신과 육체를 단련한다! 라는 큰스승님의 가르침을 되새기며 다시한번 당신께 정성을 모아 엎드려 큰절을 올립니다.

2017. 06.

弟子 대표 김 태 일

박 영 수 선생님(1942~2010)의 眞影

무학의 원리와 이론을 완벽하게 정립한 실전태권도의 창시자

무학(武學)의 정의

무예의 논리가 원리화 되어 학술적 체계를 갖춘
무(武)의 학문을 무학(武學)이라 한다

실전태권도 창시자 **박영수**

박영수 선생님의 약력

- 1942년 충남 성환에서 출생
- 수원고등학교 당수도부 입문
- 수원고등학교 졸업
- 경기도 태권도 무덕관 총사범
- ITF 제 1기 수료
- 문무타격도 창설 수석사범
- MBC-TV 묘기대행진 2회 출연
- MBC 유쾌한청백전 무술시범
- 한국무예원 창설 연구위원장
- 태권도 문무관 총본관 사범
- 태권도 문무관 총본관 연구위원장
- 국립한국체육대학교 외래교수
- 특전사, 육군사관학교 강의
- 미국 이준구 사범 초청 강연
- 실전태권도의 창시자

※ 무학의 원리와 이론을 정립하기 위하여 40여년간 전국의 각종 무예 고수들과
   약 400여회 실전겨루기 전승

신 효 균 (1933~ , 박영수의 스승)
실전태권도의 원리와 이론 개발을 위하여
선도적 역할을 함

약 력

- 1933년 1월 12일 경남 합천군 가야면 청혈리에서 출생
- 1961년 공군 제10 전투비행단 태권도 사범
- 1964년 전 공군(오산 미5공군 포함) 태권도 총 사범 및 심사위원장
- 1966년 태권도 문무관 창설 총관장 취임
- 1967년 국제태권도연맹 창설 (최홍희 장군과 함께)
- 1974년 대한민국 무술단체 총연합회 창설
- 1977년 문화방송 제1회 전국종합무술대회 주관
- 1981년 제12대 대통령 취임 경축 전국무술대회 주관(경남 합천)
  관객 약 10만명 운집
- 1992년 사단법인 대한프로태권도연맹 창설
- 1993년 사단법인 세계문무도연맹 창설위원장
- 2007년 세계화랑문무도연맹 창설 주관

목차 | Contents

제 3 장 : 실전태권도의 실제 I

제 4 장 : 실전태권도의 실제 II

참고문헌

제 1 장

실전태권도의
형성과 특징

1. 실전태권도의 유래 및 구성

정통태권도의 맥! 실전태권도는 태권도 문무관 신효균 총관장의 주도아래 이루어졌다. 그는 한국태권도 지도급 사범들과 태권도를 수련하며 후진들을 수십년간 지도해 오던 중, 이론과 실전의 한계성을 발견하고 재래(在來)무도들의 원리를 추구해 본 결과 원리부재(原理不在)라는 결론을 얻었다. 또한 태권도가 무술의 정통성을 벗어나 스포츠화 되어감에 따라 무술적 특성이 퇴화됨으로 인하여 파생되는 제반 문제점을 수정 보완하고 스포츠 태권도의 범주를 초월한 상승의 무술을 개발할 필요성을 절감하게 된다.

1976. 5. K6 미군부대에서
박영수 선생으로부터 최다 실전겨루기를 사사받은 박선기 사범이 그의 스승 박영수와 실전 겨루기를 하고 있다.

이로 인하여 신효균은 1961년 태권도 지도급 사범들과 그의 수제자 20여명을 대동하고 강원도 속초, 소백산 구인사, 합천 해인사, 지리산 화엄사 등지에서 수년간을 지속적으로 연구 및 특별수련과 명상을 하면서 보다 고차적인 새로운 무술을 개발하기 위해 정진한다.

▼ 武術을 가미하여 개발한 「文武打擊道」의 총검술 시범.

**1976. 9. 25. (스포츠한국 11호) 대한민국무술총연합회 전국
시범대회 총검술 시범
박영수 선생과 김태일 사범의 실전 시연(장소 : 논산훈련소)**

이러한 수행과정 속에서 1965년 여름, 합천 해인사에서 박영수 사범(당시 태권도 문무관
연구위원장)이 비금주수(飛禽走獸)에서 무도원리(武道原理)를 상득(賞得)하여 음양수 이론
과 원리를 발표하게 된다(이상학 사범과 공동발표).

당시에 박영수가 발표한 이 음양수는 『무예도보통지(1790)』의 음양수이론(極과 極의 상
징)과 비금주수에서 그 원리를 깨달았다고 한다. 이 음양수는 사람이 비상한 상태에서 활용
하는 기법과 땅을 밟은 채 주행의 상태로 행하는 기법(技法)의 총화(總和)로서 무예의 논리
가 원리화 되어 학술적 체계를 갖춘 무학(武學)의 발판이 되었다(문무타격도, 1967).

그 후 신효균 관장은 이 음양수의 이론과 원리는 "하늘이 내린 무예의 극치다"라고 호평하
면서 박영수 사범을 항상 천무극인(天武極人 : 하늘이 내린 무예의 극치인) 이라고 불렀다.
박영수의 아호 무천(武天)도 이때에 하사받았다고 한다.

실전태권도의 원리는 음양수(陰陽手)로 분리, 수학적인 공식에 의거 적수공권법, 보법, 봉술(단봉술, 중봉술, 장봉술), 검술(단검술, 장검술), 전투총검술, 경호무술 등을 개발하여, 국방무술로서 적합함은 물론 무예계의 획기적인 발전을 이룩할 수 있는 계기가 되었다.(박영수, 1981)

1976. 9. 거여동 공수특전단 시범을 마치고
김태일(왼쪽 두 번째), 故박영수(오른쪽 위 두 번째), 박선기(오른쪽 아래 첫 번째),
박태병(오른쪽 위 첫 번째)

현존하는 현대무술은 이론이 부족하여 고수급이라도 1초에 4~5개 동작을 하기 힘드나 실전태권도는 2~3년만 수련하면 1초에 10~12개 동작을 할 수 있으며 초보자도 6개월만 수련하면 1초에 4~5개 동작을 충분히 할 수 있다. 또한 국군타격술로서 정규군, 예비군, 방위병, 학도호국단 등에 총검술, 단검술, 곤봉술, 적수공권술(수기, 족기, 보법)을 적용시킬 수 있으며 경찰타격술, 특수타격술(특수기관 교육용, 속사타격술)에도 응용할 수 있다.

실전태권도는 "정통태권도의 맥"으로서 문·무 합일의 상징인 태권도 문무관(승화된 경지의 무도인을 기르는 도량)에서 시작되었다 하여 "문무타격도"라는 최초의 명칭으로 처음 세상에 알려졌다(경향신문, 1977. 2. 18일자). 실전태권도 창시자 박영수는 무도인이 갖추어야 할 덕목으로 참 인간, 참 무도인에 그 근본을 두었다. 또한 그는 제자들에게 항상 홍익인간이 되어야 한다는 것을 늘상 강조하는 무도인으로서 시대를 초월한 기인이었다.

1976. 9. 논산훈련소에서
제2회 전국무술대회를 마친 대한민국 무술총연합회 임원 및 선수들
김태일 사범(왼쪽 위)과 故박영수 선생, 신효균 총관장(왼쪽 위에서 4번째), 박선기 사범(왼쪽 아래 두 번째), 박태병 사범(왼쪽 아래 세 번째), 노산 이은상 대한민국 무술연합회 총재 (가운데 의자 착석)

실전태권도는 처음 문무타격도라는 최초의 명칭을 시작으로 약 20년간의 연구기간이 소요되었다. 오늘날에는 신기술태권도, 화랑문무도, 프로태권도, 1)무학원론, 무학실전, 실전겨루기(실전태권도), 무학태권도, 천무극 등의 다양한 명칭으로 사용되고 있다.

---

1) 무학원론, 무학실전, 실전겨루기(실전태권도)는 한국체육대학교 태권도학과 교육과정 정식 명칭임.

2. 실전태권도의 형성배경

대부분의 무술이 전통성을 강조하는데 반해 무학의 원리를 탐구하겠다고 나선 것이 문무타격도(文武打擊道)이다. 문무타격도는 당수, 태권도, 씨름, 복싱 등을 과거에 두루 수련했다는 신무헌(申武憲, 본명 孝均, 경남 합천출생)이 지난 1975년 설립했다. 신씨는 무학의 원리를 중심과 속도로 파악한다. 안정된 자세를 바탕으로 힘이 진가를 발휘하고 최고의 속도를 내야만 상대방을 먼저 제압할 수 있다.

1976. 9. 거여동 공수특전단 시범을 마치고
김태일(왼쪽 아래 첫 번째), 박태병(왼쪽 아래 두 번째), 故박영수 선생(왼쪽 아래 세 번째),
故이정렬(오른쪽 아래), 김택진(왼쪽 위), 박선기(오른쪽 위)

문무타격도는 인간이 손발을 가장 빨리 움직일 수 있는 공식이 있다고 가정한다. 즉 사지(四肢)에 1부터 4까지 일련번호를 매길 경우 이 네 숫자의 여러 가지 조합속에서 중심을 잃지 않고 속사(速射)의 공격을 가할 수 있는 완전한 공식을 도출해 낼 수 있다.
「경향신문」(1977년 2월 18일)에 따르면, 당시 신무헌은 이 공식에 따라 오른손(右手) 기본 공격 및 방어형, 왼손(左手) 기본 공격 및 방어형, 오른발(右足) 기본 공격 및 방어형, 왼발

(左足) 기본공격 및 방어형 등 8개의 기본형을 만들어 냈다. 좌우수 기본 공방형은 현재 실기로 그 위력을 입증했으나 좌우족 기본공방형은 이론상으로는 가능하나 실제로는 응용할 만한 단계에 이르지 못했다고 설명한다.

1976. 10. 거여동 공수특전단에서
故박영수 선생(정중앙)의 지도아래 김태일 사범(왼쪽에서 두 번째), 박선기 사범(왼쪽 첫 번째), 박태병 사범(오른쪽)이 시범을 보이고 있다.

현재 완성된 4개의 기본형은 각기 16개 동작으로 구성됐다. 이 기본형을 얼마나 빨리 해내느냐 하는 것이 문무타격도의 열쇠이다. 1개 기본형의 16개 동작을 4초 이내에 해 낼 수 있으면 유단자로 인정된다. 기본 무술의 형(型)이 속도의 중요성을 소홀히 하고 있다고 지적하면서 연결된 동작을 최단시간에 해내는 것이 수,술,법(手,術,法)의 기본이라고 강조한다. 문무타격도는 기본형을 마치면 음양 수법(手法), 음양 보법(步法), 진법(進法)으로 나간다. 이는 4초에 48가지 동작을 해내는 것이다. 문무타격도가 속도의 단축을 강조하는 것은 체격이나 체력의 우열에 관계 없이 상대를 제압할 수 있는 것은 선제 공격밖에 없기 때문이다.
문무타격도는 기존의 기법을 과감히 탈피, 수학공식에 입각한 인간무학(人間武學)의 완성을 목표로 하고 있는 무술이다.

3. 실전태권도의 형성과정

신효균 (실전태권도의 원리와 이론개발을 위하여 선도적 역할)

박영수 (무학의 원리와 이론을 완벽하게 정립한 실전태권도의 창시자)

1대
- 최승모 (1970)
- 박태병 (1971)
- 이준희 (1971)
- 김태일 (1972)
- 이정렬 (1974)
- 박선기 (1973)
  - 허창희 원장 (1979)
  - 김수철 원장 (1979)
  - 장순제 박사 (1979)
  - 정문호 (1998)
  - 조현문 (1998)
  - 조일행 원장 (2002)

2대
- 황종길 (1976)

3대
- 노인수 (1981)
- 임형만 (1981)
- 이성호 (1981)
- 김동진 (1981)
- 이성순 (1981)
  - 연태만 (미국)
  - 장준영 (미국)

4대
- 이영일 (1984)
- 박재룡 (1984)
- 지용태 (1985)

5대
- 박승용 (1989)
- 김태호 (1989)

6대
- 박상영 (1993)
- 김희도 (1993)
- 박태규 (1993)

( ) 괄호 안의 숫자는 실전태권도 시작년도임

4. 실전태권도의 효용성

1) 실전태권도의 가치

1989년경부터 경찰청 특공대에서 약 10여년간 실전태권도 동작기법과 내용을 검증한 결과 치안용 보안무술에 획기적인 변화가 예상된다.

1992년부터 육군사관학교에서 실전태권도 동작기법과 내용을 검증한 결과 국가안보 전술용 국방무술로서 절대 필요하고 장교로서 꼭 배우고 갖추어야 할 신무술(新武術)이다. 육군 공수특전단 산하 각 여단(旅團)에서 실전태권도의 내용을 검증한 결과, 각종 무술보다 월등한 차이가 있으며, 우리가 필수적으로 꼭 해야 할 신무술(新武術)이다.

**1977. 1. 경기도 포천군 내촌면 사그막 산사에서
김태일 사범이 실전태권도의 동작기술인 가위차기를 하고 있다.
박선기 사범(왼쪽), 박태병 사범(오른쪽)**

수도군단 방위사령부 특공대의 경우 1개월간 특수교육 실시 필수과목이다.

한국체육대학교의 경우 4, 5년간 검증결과 최다학점을 취득하고 있다. (무학원론, 무학실전, 실전겨루기 : 5학점 7시간 배정)

1994년 6월경 육군사관학교 화랑대연구소 주최로 육·해·공군 무술지도자 세미나에서(약

100여명 참석) 실전태권도가 군(軍) 전투력증강에 절대적으로 필요하다는 것을 만장일치로 결의한 바 있다.

1977. 1. 경기도 포천군 내촌면 (사그막) 산사에서 30일 수련을 마치고
故박영수 선생을 중심으로 박선기(우측), 김태일(오른쪽 두 번째), 김택진(왼쪽에서 두 번째), 박태병(왼쪽에서 세 번째)

미국을 비롯하여 구 소련연방 알파특공대 K.G.B에서도 실전태권도 기법의 우수성에 대해 4, 5년간의 검증이 이루어졌으며, 타 무술들보다 월등하다는 결론이 있었다. 이들로부터 실전태권도 사범을 보내달라는 초청 제의를 받았으나 무학원론, 무학실전, 실전태권도 비법의 정통성이 훼손될 우려가 있어 이를 거절하였다.

현재 청와대 경호실 무술지도자들이 우리 신무술(新武術) 실전태권도의 무학이론과 무학실전을 수련하고 있다.

미국 태권도의 대부 이준구(미국태권도협회장)는 한국사람으로서 이 "신무술 이론(新武術理論)을 알면서 실전태권도를 수련하지 않는 사람은 역적행위(逆賊行爲)다"라고 하였다.

육군사관학교 모 3성(三聖) 장군은 이 "무학이론은 영원히 후세에 전해질 이론학문이다"라고 하였다.

한국체육대학교 모 태권도학과장은 이 실전태권도의 무학이론과 무학실전은 모든 무도(무예)들의 논리를 체계적, 과학적 및 수학적으로 원리화 시킨 기법으로서 "지구상에서 가장 위대한 무술이다"라고 호평하였다.

(출전 : 신효균, 2001)

1977. 2. 18.(경향신문, 제8면), 문무타격도, 무술의 세계
실전태권도 최초 명칭인 "문무타격도"에 관한 태권도 문무관 신효균 총관장의 기고내용과
김태일 사범이 허공을 가르는 공중 공·방 동작기술을 시연하고 있다.

1977. 2. 19. 문화체육관에서 전국무술대회를 마치고
김태일(왼쪽 아래), 이준희(중앙 아래), 박선기(왼쪽 위)

1981. 제12대 대통령취임 경축 전국무술대회(경남 합천)에서
故박영수 선생이 이준희 사범과 무술시범을 보이고 있는 장면, 신효균총관장(왼쪽 첫 번째)
이 시범을 지켜보는 가운데 김태일사범과 박선기사범이 동참하고 있다.
(관객 약 10만명 운집)

2) 실전태권도의 발달

1965년 신효균 관장이 태권도 문무관을 창설하였다. 신효균 관장은 태권도의 이론과 실기가 부족하니 박영수 사범에게 지시하여 합천 해인사로 가서 새로운 이론과 실기를 개발하게 하여 이 기술을 문무타격도라 하였다.

후에 이 기술은 프로태권도로 해야 한다고 하여 프로태권도란 명칭으로 사용하게 되었고 한국프로태권도 협회가 창설 되었다.

1970년 공화당 원내 총무인 윤재명씨로부터 사회단체 프로태권도협회를 취득하여 활발히 운영하였고 1990년도에 문화체육관광부로부터 정식 대한프로태권도연맹의 허가를 받아 많은 회원을 확보하고 운영하였다.

1981. 제12대 대통령취임 경축 전국무술대회(경남 합천) 수상 직후
故박영수 선생의 1代 수제자들 : 이준희(왼쪽), 박선기(중앙), 김태일(오른쪽)
이들 3명은 박영수 선생이 평소에 3용(三龍)이라 하여 이준희를 백룡(白龍), 박선기를 청룡(靑龍), 김태일을 흑룡(黑龍)이라 불렀다.

1992. 5. 평택시 안정리 연무원에서 실전태권도 수련을 마치고
故박영수 선생(가운데)과 최승모 사범(왼쪽), 이준희 사범(오른쪽),
임형만 사범(뒷줄 가운데)

그러나 기초적인 이론과 실기가 정립되지 못하고 개개인의 구전에 의해 그 기법이 전수되어 체계적인 기술과 이론체계를 갖추지 못하였다.

이러한 가운데 너무 늦었지만 한국체육대학교 정락희 박사가 이 기술과 이론의 체계를 정리해줌으로써 태권도 지도자들 뿐만아니라 전 세계 태권도인들에게 어렵지 않게 이 기술을 알리게 될 것이다.

대한프로태권도연맹에서는 각 대학교 뿐만아니라 육군사관학교, 공수여단, 청와대, 경찰특공대, 특수기관 등에 많은 연수를 하여 이 기술을 보급하였다.

그러나 프로태권도라는 명칭이 상업성이 있다하여 프로태권도 대신에 신기술태권도, 화랑문무도, 실전태권도, 무도태권도, 무학태권도, 천무극 등 다양한 명칭을 사용하게 되었다.

※ 프로태권도의 명칭은 사단법인 대한프로태권도연맹에서 가장 먼저 사용하던 용어임을 밝혀둔다.

(출전 : 신효균, 2011)

5. 실전태권도의 특징

현행태권도, 북한태권도, 실전태권도의 비교분석

현행 태권도	북한 태권도	실전태권도
주관적 구성	주관적 구성	논리적 구성
호흡법 없음	호흡법 미비	독자적 내공심법(제1심법, 제2심법, 제3심법) 제시
상체유동법 미비	상체유동법 미비	혁신적 상체유동법 제시
동작이나 품세를 먼저 만들고 의미나 해석 부여	동작이나 품세를 먼저 만들고 의미나 해석 부여	품세의 공식 제정 (제한시간 도입) 효율성, 논리성, 실전성에 의거한 동작이나 품세
기본동작, 품세와 겨루기의 연계 미비	기본동작, 품세와 겨루기의 연계 미비	기본동작, 품세와 겨루기의 연계성
공격과 방어 동작 구분	공격과 방어 동작 구분	공격과 방어의 불명확 (공방이 혼재, 유기적 연결)
실전에 불필요한 동작 포함 (과도한 동작)	실전에 불필요한 동작 포함 (과도한 동작)	실전 위주 동작 (불필요한 동작 배제)
단일 동작 위주 (단발 총)	복수 동작 가미	복수 동작 위주 (연발 총)
발 위주 동작	손과 발의 배합	손과 발의 효과적 연결
겨루기 이론 미비	겨루기 이론 미비	논리적 겨루기론 제시
보법 개발 미비	보법 개발 미비	보법 체계 정립
단순 보법	단순 보법	혁신적 보법 채택 (육합보법 : 폭발적 중심이동)
가상 상황에 대처 (실제 적용 곤란)	가상 상황에 대처 (실제 적용 곤란)	일반 상황 적응력 (실제 적용 용이)
파괴력 강조	파괴력 강조	속도 강조 (1. 속도 2. 정확성 3. 파괴력)
반동력 억제	반동력 억제	반동력 최대 이용
무기 사용법 별도 교육	무기 사용법 별도 교육	그대로 무기 사용 가능
수련기간　격투능력 ↗ 스포츠화	수련기간　격투능력 ↗ 무술적	수련기간　격투능력 ↗ 실전적

(출전 : 박승룡, 1996)

1998. 10. 12. 이준구 Grand master 자택 거실에서
故박영수 선생과 박선기 사범, 김태일 사범(오른쪽 두번째)

1998. 10. 13. 미국 국회의사당 박물관에서
왼쪽부터 故박영수 선생, 김태일 사범, 이준구 Grand master, 김택진 부회장, 박선기 사범

1998. 10. 13. 미국 워싱턴 6 · 25 한국전쟁참전 기념공원에서
왼쪽부터 故박영수 선생, 박선기, 김택진, 김태일

1998. 10. 13. 미국 국회의사당 앞에서
미국 태권도 대부 이준구 Grand Master와 함께
왼쪽부터 김태일, 이준구, 김택진, 박선기, 제일 오른쪽이 故박영수 선생

1998. 10. 13. 미국 연방치안국장과 함께
왼쪽부터 박선기 사범, 故박영수 선생, 이준구 Grand master, 미연방치안국장,
김태일 사범, 김택진 부회장

제 2 장

무학원론 · 무학실전
체계

1. 실전태권도의 철학사상

인간은 삼라만상의 모든 것에 존재한다. 그리고 그 존재의 가치를 확인하기 위하여 힘을 사용한다. 힘은 어떻게 생겨나며 자신의 몸속에서 나오는 기를 어떻게 사용하는지 생각해 볼 필요가 있다.

소우주인(인간) !

내 몸을 통하여 조화로움을 이루고 그것을 통하여 교감하는 것이 무예수련이다. 무예 철학도 마찬가지로 자기 몸을 통하여 혼돈과 무질서를 정립하고 대화를 통해서 중심점을 찾고 기쁨을 누리는 것이다. 이제 삼라만상의 우주에 속한 무예인들이 사상에 관한 기법을 통하여 무예를 수련하는 과정을 살펴보기로 하자.

일원, 이기, 삼재, 사상, 오행, 육합, 칠성, 팔괘, 구궁 순으로 정리한다.

1) 일원(一元)

하늘의 기를 받고 땅의 기운을 받아 힘의 원천이 되는 우주의 근본(본체) 생성원리를 응용한 것이 일원사상이다.

(1) 무예의 근본원리는 하나이다(태극).

(2) 무예의 시초는 무극에서 출발하여 하나에서 육십사개로 변화한다.

(3) 실전태권도에서는 에너지(Energy) 즉, 힘과 기를 기르는 단전호흡과 심법(제1심법, 제2심법, 제3심법) 등이 일원사상을 적용한 것이다.

(4) 기는 삼라만상의 모든 것이요, 기의 흐름과, 기의 방향, 기의 순환을 알면 에너지가 생성되고 무예의 인출을 극대화 시킬 수 있다.

2) 이기(二氣)

이기는 음(방어동작기술)과 양(공격동작기술)을 의미하며 실전 태권도에서는 기본동작을 뜻한다. 기본동작은 양(공격동작기술) + 음(방어동작기술)이 조화롭게 이루어져야 하며 실전태권도에서는 기본 동작이 복수동작으로 구성되어진다.

실전태권도의 기본동작, 공격동작기술, 방어동작기술, 무학선, 보법(Step), 음양수, 권법 등은 바로 음양(二氣)에 의해 만들어졌다.

3) 삼재(三才)

만물(萬物)을 제재(制裁)하는 것으로 천(天), 지(地), 인(人) 즉 하늘과 땅, 사람을 의미한다.

실전태권도에서 천(天), 지(地), 인(人)은 머리, 손, 발을 운용하는 방법으로, 품세(형)을 뜻한다. 품세란 어떤 뜻(의미)아래 공격과 방어의 각종 기본동작기술들을 유기적 목적에 의해 부합되는 방법에 의해 구성되고 조립된 것을 말한다. 품세는 겨루기의 모체로서 정신수련과 신체단련을 잘해야 극한상황에서도 이에 대처할 수 있으며, 큰 동작을 잘해야 작은 동작도 잘할 수 있다.

(1) 기본품세

　　① 기본 제1형(10동작)

　　② 기본 제2형(10동작)

　　③ 기본 제3형(10동작)

(2) 무극품세

　　① 무극 제1형

　　② 무극 제2형

　　③ 무극 제3형

　　④ 무극 제4형

　　⑤ 무극 제5형

　　⑥ 무극 제6형

　　⑦ 무극 제7형

　　⑧ 무극 제8형

(출전 : 최승모, 1985)

4) 사상(四象) (겨루기: 소음, 태음, 소양, 태양)

사람마다 타고난 체질과 성격이 다르다는 것을 전제로 질병치료도 그 체질에 맞게 접근해 나간다는 원리로 소음, 태음, 소양, 태양의 네가지 형태로 나눈다. 실전태권도에서 사상(四象)이란 봄, 여름, 가을, 겨울과 같이 멈출 수 없는 전·후·좌·우 사방팔방의 공격과 방어를 하는 동작기술 즉 실전겨루기를 뜻한다.

실전겨루기는 공격과 방어의 4가지 형태가 있다   (출전 : 박선기, 1977).

(1) 탐색 ~ 위협(상대의 반응을 보는 것)

탐색을 하면서 상대에게 위협을 느끼게 한다.

(2) 돌파 ~ 보호(뚫고 공격하는 것)

보호막을 형성하면서 공격해야 한다. 즉, 상대의 공격을 예측하여 유효적절하게 방어하면서 공격하는 것이다.

(3) 근접 ~ 제압(상대가 접근했을 때 중심을 깨버리는 것)

접근(접촉)하여 제압할 수 있는 기술을 습득(붙었을 때 바로 제압하라)

(4) 장악 ~ 타격(상대의 진로 방향을 유도하는 것)

상대방을 자기 수 안에 놓고(무극점) 완벽하게 가격(장악)하는 것

※ 실전겨루기 적용(박선기, 1978)

- 항상 공격을 전제로 방어를 해야 한다.
- 결정타만 노리지 마라.
- 정면 공격보다는 측면 공격이 유리하다.
- 상대방보다 가장 가까운 공격기나 방어기를 먼저 활용한다.
- 자신이 표적이 되지 않도록 한다.
- 상대방의 반사신경을 역이용한다.
- 틈이 있다고 함정에 함부로 들어가서는 안된다.

5) 오행(五行)

목화토금수(木火土金水)를 의미하며 실전태권도에서는 실전겨루기의 상생과 상극관계를 뜻한다.

(1) 목(木)

나무는 자라는 성질이 있다. 이는 움직임이 시작되는 상태를 말한다. 즉, 물질이 에너지화 되는 시작단계이다.

- 상대를 탐색할 때는 상대가 알아차리지 못하도록 탐색하라
- 상대와 가장 근접해 있는 앞손 앞발을 사용하라(빠른技)

※ 앞손 앞발은 근접거리에 접해 있으므로 빠른 공격동작기술이나 뒷손 뒷발보다는 타격력이 약하다.

(2) 화(火)

- 불은 뜨겁고 밝고 움직임이 활발하고 일정한 형태가 없으며 쉽게 사라진다.
- 화기(火技), 즉 공격을 뜻한다.
- 나무가 타들어가므로 드디어 공격동작기술이 들어간다.
- 탐색, 타진의 부수적인 페인트모션이 목(木)이라면, 타격력이 강한 뒷손 뒷발 즉, 화(火) 공격으로 전환한다(이때에 보법이 적용된다)

(3) 토(土)

토는 작용의 원심력이다. 생명의 작용이 한쪽으로 직선운동을 한다면 한순간에 없어져 버린다. 그러므로 토의 작용은 원심력과 같아서 그 직선운동의 방향을 바꾸어 생명이 계속해서 반복되도록 한다. 따라서 이 작용은 쉬고 있는 것(음)을 운동하게 하고 운동하고 있는 것(양)을 쉬게 하는 것이다. 앞으로 가는 것(양)을 살며시 끌어 당겨서 뒤로가게 하고, 뒤로 가는 것(음)을 슬며시 당겨 앞으로 가게 한다.

이렇게 하여 우주 만물의 운동을 끊임없이 순환하게 한다. 직선운동을 원운동하게 하거나 스스로 돌게 한다. 토는 목화금수의 균형을 잡고 통제하는 것이 임무이므로 가장 중앙에 위치한다.

※ 흙은 모든 것을 수용하므로 상대의 공격을 되받아치는 것이다.

(4) 금(金)

쇠는 무겁고 차며 단단하고 안정되어 있다. 이런 속성들은 다음에 속하는 성질로 에너지

가 물질화 되는 시작단계이다. 물질이 에너지화 되는 목과 상반된다.

- 목(木)을 쓰는 상대에게는 금(金)으로 공격(제압)한다.
- 상생 상극을 이용(적용)하라.

※ 두번지르기, 이단 앞차기, 나래차기

(5) 수(水)

- 깊고 거대하며 모든 것을 포용하는 것으로 차분하며 물질화 작용의 절정에 이르는 단계이며 음에 속한다.
- 상대의 공격이 들어올 때 상생상극을 이용하여 상대를 제압하는 응용단계이다.
- 수(水)는 잠잠하면서 소리 없이 모든 것에 스며든다. 그러나 수(水)는 거센 파도가 일구어지면 강하게 파도치면서 모든 것을 집어삼켜 제압한다.
- 부드러운 것이 강한 것을 이긴다. 강함은 부러지고 부드러운 것은 휘고 강한 힘과 부드러움이 합쳐진 것이 제 3의 힘이며 이것이 금강의 힘(무적의 힘)이다.
- 금강의 힘을 써라! 이것을 제대로 쓰는 것이 힘(力)과 기(氣)를 쓰는 것이며, 무적의 힘이 된다.

6) 육합(六合)

공격이나 방어에 이용할 수 있는 머리1, 몸통1, 양손2, 양발2 즉 육기(六技)의 인체부위를 의미하며 인체의 모든 힘을 최대한 활용하는 방법을 터득하는 훈련법이다.

육기공 수련과 육합보법은 기본기의 완성이다.

힘이란 순간적으로 집중과 분산을 이루며 그 힘이 지속적으로 이루어져야 한다. 실전태권도에서 두 손을 사용할 때에는 두 발을 완벽하게 지지하면서 육합(六合)을 이용하여야 한다.

※ 육기공 수련과 육합보법이 있으며 육기공은 육합에 맞추어서 힘을 쓴다.

7) 칠성(七星)

칠성은 하늘의 상징이며 모든 별을 주관한다는 의미로 7가지 성질을 말한다.

(1) 일성(一星) : 공격과 방어 (시작과 끝)

- 공격과 방어는 시작과 끝이 명확해야 하며 시작은 명분이 있어야 하고, 끝은 상대가 다시는 반항을 못하게 하여야 한다.

- 명분있는 싸움을 하라.
- 마음으로 굴복시킨다.
- 오늘의 적이 내일의 친구가 되는 무예인이 되라.
- 강한 정신력과 상승의 무예를 익히면 상대가 패한다.
- 무예를 함부로 쓰지 말고 제대로 써라.
- 무엇이든지 말과 행동은 시작하기 전과 끝이 초지일관 변함이 없어야 한다는 의미이다.

(2) 이성(二星) : 전진, 후퇴 보법을 의미한다.

상대가 공격하는 거리 타이밍과 유효 타이밍을 잡지 못하게 하는 것으로 보통 발차기가 그 기조를 이성(二星)에 두고 있다. 다양한 보법 중 많이 사용하는 뒤로 물러서는 보법, 옆으로 가는 사신 전진보법, 사선 후퇴보법 등이 있다.

- 무극점과 무학선을 적절히 이용하라.
- 무극점을 선제 점령하거나 무극점으로 유도하여 공격과 방어로서 상대를 제압하는 동작기술훈련법이다.

(3) 삼성(三星) : 타진 탐색을 의미한다.

타진이란 두드려봐서 아는 것, 다시 말해 나의 동작에 대해서 상대의 반응을 보는 것이고 탐색이란 상대의 습관적 동작을 찾아내는 것으로 상대의 허점을 이용할 수 있는 것이다. 따라서 적을 알고 나를 알면 백전백승의 기예를 만들 수 있는 것이다.

(4) 사성(四星) : 전략 전술을 의미한다.

- 전략을 하기 위한 행동.
- 실전겨루기에 임하기 전 최고의 컨디션을 유지할 수 있도록 스스로 자기최면을 걸고 자기에게 유리한 기술과 전술을 어떻게 사용할 것인지에 대한 포인트를 잡는다.

(5) 오성(五星) : 밀고 당기는 힘(흡·탄).

- 받아들이면서 튕기는 힘이다(상대의 중심을 무너뜨림).
- 상대의 힘을 몸으로 부드럽게 흡수하면서 상대를 튕기게 하여 치명상을 주는 훈련법이다.
- 무예에서는 흡기와 호기에 관한 말을 많이 한다. 숨을 들이마셨다가 바로 내뱉는 것은 좋지 않다. 숨을 들이마시는 것과 내뱉는 동작을 잠시 멈추라는 것이다. 그러면 혈관이 확장하여 대사작용이 좋아진다. 내뱉을 때도 가슴 안의 혈관이 확장되지만 그 밖의 부

분은 수축된다. 즉 상대방이 공격할 때 그 타이밍을 잡아 그 반동으로 상대를 제압할 수 있는 기법이다.

(6) 육성(六星) : 때와 장소를 의미한다.

지형지물을 이용하여 자기를 최대한 은폐하고 직선적 기법을 사용하느냐, 곡선법을 사용하느냐를 선택하여 공격과 방어를 행하는 것으로 그 시기와 지형을 잘 이용하는 것이다.

- 지형지물을 유효적절하게 이용하라.
- 높은 곳, 낮은 곳을 이용하라.
- 물체(모래, 흙)를 이용하라.
- 음폐(陰蔽:보이지 않게 덮어서 숨김)와 엄폐(掩蔽:천체가 위치하여 가리워지는 현상)를 최대한 이용하라.
- 몸으로 싸우지 말고 머리를 써서 싸워라.

(7) 칠성(七星)

- 이론, 논리, 정신, 응용, 조화, 기, 혼을 의미하며, 실전태권도의 정법이론을 뜻한다.
- 이치와 원리를 알고 이론과 실제가 조화를 이루어 맞아 떨어져야 한다.

8) 팔괘(八卦)

우주의 신비로움과 자연계의 모든 삼라만상의 현상을 음양과 여덟가지의 형상(形像)으로 우주와 자연의 섭리를 표현한 것이 팔괘이다. 실전태권도의 동작과 품세는 우주현상의 근본원리와 대자연의 섭리를 응용한 동작기술로써 건(乾), 태(兌), 이(離), 진(震), 손(巽), 감(坎), 간(艮), 곤(坤)의 수를 근본사상으로 하여 신비오묘한 우주섭리를 적용하였다.

9) 구궁(九宮)

무예에서 달인의 경지에 오르는 것을 말하며 도를 깨닫는 것이다. 실전태권도에서는 심법, 상체유동법, 기본동작, 응용동작, 발차기, 보법, 실전겨루기, 품세, 호신술, 신체단련법, 예절, 이 모든 것을 통달하고 자신의 수양을 다함을 말한다. 이로써 실전태권도는 수(기본), 술(복수기본), 법(깨달음)을 통하여 사상과 인체의 조화에 의한 깨달음의 경지(영감)에 오름으로써 참인간, 참무도인, 홍익인간이 되는 마지막 수련단계가 바로 구궁(九宮)이다.

2. 실전태권도의 동작기법

논리성	반동력의 최대이용
효율의 극대화 (불필요한 동작 배제)	동작의 용이성
속도강조	단시간내에 숙달불가
시간개념(초단위) 도입	총검술 그대로 활용 가능 (군장비 활용)
경이로운 보법	비전투손실의 감소
공격과 방어의 구분이 불명확	어떠한 상황에도 대처가능
주도권 장악	

3. 실전태권도 수련의 3대 요소

실전태권도 수련의 목적은 심신(정신과 육체)수련 뿐만아니라 유사시 자신을 확실하게 보호할 수 있어야 한다.

1) 속도

실전태권도 수련에서 가장 중요한 것은 속도다. 이 속도는 연속적이어야 하며 융통성이 있어야 한다(군 전술상 사격과 기동성).

2) 정확성

실전겨루기에서는 정확하게 단 한번의 공격과 방어로 상대방을 제압해야 한다. 정확하지 않은 공격동작기술과 방어동작기술은 곧바로 패배의 원인이 된다.

3) 파괴력

실전겨루기에서는 상대방에게 치명적인 타격을 입히지 못하면 적의 공격으로부터 즉시 패배한다. 그러므로 파괴력은 무엇보다도 중요한 요소가 된다. 특히 다수의 적과 상대할 때에는 단 한번의 공격으로 상대를 제압하는 파괴력을 가져야 한다.

(출전 : 최승모, 1981)

4. 수 · 술 · 법과 무인의 자세

1) 수(手)

① 기본단위의 개체들로 단일 동작인 기본동작기술을 말한다.

※ 손과 발 동작기술

왼 손	- 1
오른손	- 2
왼 발	- 3
오른발	- 4

※ 팔동작 기술

반직선	- 1
완전직선	- 2
반곡선	- 3
완전곡선	- 4

※ 다리동작기술

반직선	- 1
완전직선	- 2
반곡선	- 3
완전곡선	- 4

※ 보법동작기술의 경우

전·후·좌·우(1,2,3,4)

전좌·전우·후좌·후우·대각선(1,2,3,4,5)

(출전 : 최승모, 1981)

2) 술(術)

수의 복수 동작으로 구성되고 조립된 동작기술을 말한다.

예) 1, 1(왼손, 왼손)

    1, 2(왼손, 오른손)

    1, 2, 3(왼손, 오른손, 왼발)

    1, 2, 3, 4(왼손, 오른손, 왼발, 오른발)

(출전 : 박승룡, 1996)

3) 법(法)

기본단위의 개체인 수(手)와 수의 복수인 술(術)을 바탕으로 과학적 원리와 보편타당한 논리를 토대로 실전태권도에서 가장 유효하게 형을 만들어 내는 것이 법(法)이다. 술의 한계에 갇혀있는 무예인은 결코 무예의 진리를 깨달을 수 없다. 깨달음이 법인 것이다. 법 앞에서는 어떠한 술도 파괴되어 무너질 수밖에 없다. 그러므로 법이 곧 진리와 생명인 바, 무예인은 심신을 다하여 법을 숭상하는데 결코 한치의 어긋남이 없어야 한다.

(출전 : 박영수, 2007)

5. 실전겨루기의 필수조건

하나, 공격과 방어는 그 자체가 불완전 하므로 복수(2번 이상)로 보충시켜 주어야 한다.

둘, 힘은 순간적인 집중과 분산을 이루고 지속성이 있어야 한다.

셋, 부드러운 힘과 강한 힘이 합쳐 제3의 힘(금강의 힘 : 무적의 힘)이 된다.

넷, 상대방으로부터 가장 근거리로 피한 사람이 최대의 반격을 할 수 있다.

다섯, 항상 공격을 전제로 방어를 해야 한다.

여섯, 상대가 내 몸을 노릴 때 나는 상대의 팔을 노린다.

일곱, 중심을 빼앗기면 70~80% 패한다.

여덟, 품세(형)는 겨루기의 모체이다.

아홉, 내가 가격한다기보다는 상대가 어쩔 수 없이 공격당하도록 하라.

열, 결정타만 노리지 마라.

열 하나, 정면 공격보다는 측면 공격이 유리하다.

열 둘, 상대방으로부터 가장 가까운 공격기나 방어기를 먼저 활용하라.(속공비결)

열 셋, 자신이 표적이 되지 않도록 하라.

열 넷, 상대의 반사 신경을 역이용하라.

열 다섯, 틈이 있다고 함정에 함부로 들어가서는 안 된다.

(출전 : 박선기, 1978)

6. 무학선(武學線) 방향(方向)

무예를 연마하는 기본 방위선

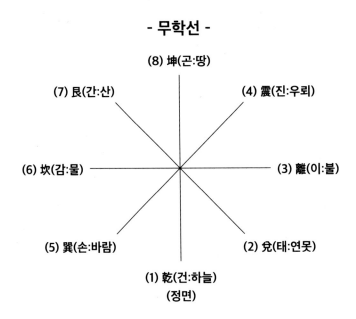

- 무학선 -

(8) 坤(곤:땅)

(7) 艮(간:산)　　　　(4) 震(진:우뢰)

(6) 坎(감:물)　　　　　　　　(3) 離(이:불)

(5) 巽(손:바람)　　　　(2) 兌(태:연못)

(1) 乾(건:하늘)
(정면)

※ 상체이동은 4방향, 하체방향은 8방향을 채택한다.

1) 두 발의 위치 (모아서기 : 00, 11, 22, …)

좌발 \ 우발	0	1	2	3	4	5	6	7	8
0	00	01	02	03	04	05	06	07	08
1	10	11	12	13	14	15	16	17	18
2	20	21	22	23	24	25	26	27	28
3	30	31	32	33	34	35	36	37	38
4	40	41	42	43	44	45	46	47	48
5	50	51	52	53	54	55	56	57	58
6	60	61	62	63	64	65	66	67	68
7	70	71	72	73	74	75	76	77	78
8	80	81	82	83	84	85	86	87	88

2) 무학선의 종류

- **종선보법(1)** : 신속한 전진 · 후진 (|)
- **횡선보법(2)** : 신속한 좌 · 우 이동 (―)
- **대각보법(3)** : 원활선 8방향 (╱)
- **사선보법(4)** : 방어 · 공격 치중선 (╱)
- **점 보법(5)**   : 시발점 종착점(·)

3) 무학선의 변환

선＼후	종선 (1)	횡선 (2)	대각선 (3)	사선 (4)	점 (5)
종선 (1)	11	12	13	14	15
횡선 (2)	21	22	23	24	25
대각선 (3)	31	32	33	34	35
사선 (4)	41	42	43	44	45
점 (5)	51	52	53	54	55

4) 중심이동의 종류

- **축 이동**   : 두 발 중 한 발을 축으로 하여 이동하는 것
- **동시이동** : 두 발을 그대로 또는 교차하면서 이동하는 것
- **그 자리**   : 현 위치에서 상체를 전 · 후 · 좌 · 우 4방향으로 이동하는 것

5) 중심이동의 목적

상대방보다 유리한 공격과 방어의 지점을 먼저 확보하는데 있다.

- 대치상의 유의점

6) 위험거리

공격기술(손, 발 , 무기)이 직접적으로 위험을 가할 수 있는 거리이다.

상대방이 본인보다 빠르거나 상대의 동작기술변화가 능숙하면 위험

거리를 벗어난 위치에서 대치하여야 한다.

예) 허수에 속으면 타격 당할 확률이 매우 크다.

7) 보통거리

일반적인 겨루기 거리(보통걸음 한 걸음 거리)

8) 안전거리

발이 두 번 정도(전진, 허수) 움직여 공격하는 거리

---- 위험거리

--------- 보통거리

-------------- 안전거리

(출전 : 김태일, 1997)

제 **3** 장

실전태권도의
실제 Ⅰ

1. 기본자세

태권도를 수련하는데 있어서 가장 핵심적 기초가 되는 자세로 해부학적으로나 운동 역학적으로 전혀 무리가 없는 자세

1) 차려 (자세)

2) 주춤서기 (자세) :
좌 · 우 보통걸음 1보 반거리

3) 앞굽이 (자세) :
전 · 후 보통걸음 2보 거리

4) 뒷굽이 (자세) :
전 · 후 보통걸음 1보거리

5) 범서기 (자세) :
전 · 후 보통걸음 1/2보거리

6) 겨루기 (자세) :
전 · 후 보통걸음 1보거리

※ 기타자세

2. 내공심법

마음과 몸을 다스리는 단전 호흡법으로 마음의 정(情)함과 몸의 쾌(快)를 정립한다..
- 집중력 향상.
- 호흡 순환계의 지구력 증진.
- 근육에 최대한 긴장을 줌으로서 근육의 파열을 방지.
- 준비운동의 이질감 해소

1) 제 1심법

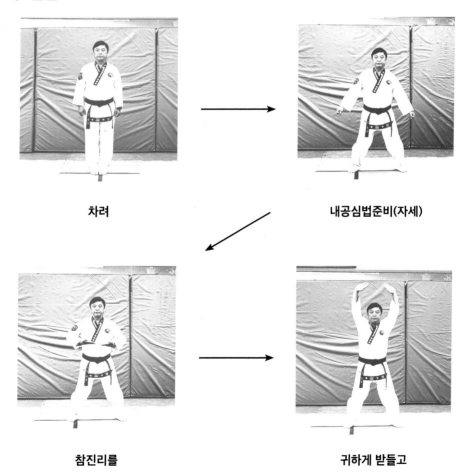

차려

내공심법준비(자세)

참진리를

귀하게 받들고

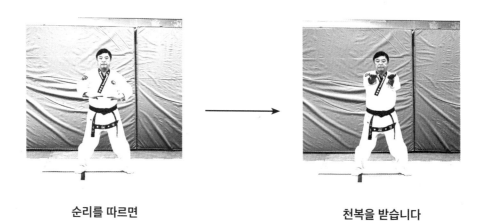

순리를 따르면   천복을 받습니다

2) 제 2심법

평등사상과   겸손한 자세로

모든 갈등을   사랑으로 승화합시다

3) 제 3심법

조상으로부터 물려 받은 몸과 얼을

영광되게 하여

후손에게 물려주고

진정한 평화를 누립시다

바로

※ 총 9회의 연속행공 후 5분간 묵상을 실시한다.

(출전 : 지용태, 1986)

3. 상체 유동법

상체의 신속한 이동 동작과 변환 동작

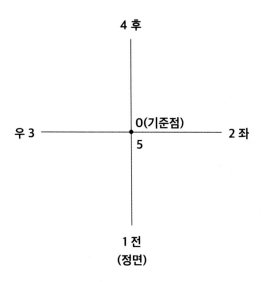

1) 기본식

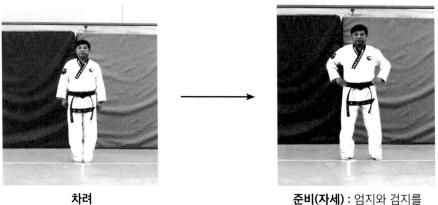

| 차려 | 준비(자세) : 엄지와 검지를
넓혀서 장골능 위에 댄다. |

(1) 몸통 앞으로 굽히기

(2) 몸통 뒤로 젖히기

(3) 몸통 왼쪽으로 굽히기

(4) 몸통 오른쪽으로 굽히기

(5) 무릎 굽히며 주춤서기

(6) 준비(자세)로 원위치

2) 숙달식

선수＼후수	1	2	3	4	5
1	11	12	13	14	15
2	21	22	23	24	25
3	31	32	33	34	35
4	41	42	43	44	45
5	51	52	53	54	55

- **숙달 제 1식**　11　22　33　44　55
- **숙달 제 2식**　21　32　43　54　15
- **숙달 제 3식**　31　42　53　14　25
- **숙달 제 4식**　41　52　13　24　35
- **숙달 제 5식**　51　12　23　34　45

※ 기타 상체 유동법

4. 기본동작 1

실전태권도를 수련하는데 있어서 가장 기본이 되는 핵심 동작 기술로 무예의 공격과 방어의 각종 기법을 전개하는 데 해부학적으로나 운동역학적으로 전혀 무리가 없는 가장 기초가 됨과 동시에 기본이 되는 단일동작이다. 이 기본동작이 상호 유기적으로 조화되어 전개됨으로서 모든 기법과 품세(형)가 성립된다. 이 기본동작은 다음과 같은 조건이 갖추어져야 한다.

(출전 : 신효균, 1981)

- 한 동작 한 동작에 공격성과 방어성이 공존하여야 하며 단일동작이어야 한다.

- 반탄력(返彈力)이 크게 작용되는 동작이어야 한다.
  반탄력(返彈力)은 가속력(加速力)과 파괴력을 크게 가중시킨다.

- 연결동작이 기능해야 한다. 공격과 방어의 리듬이 끊어지면 상대방이 반격할 틈이 생긴다.

- 강(强)과 유(柔)가 공히 함축(含蓄)되어야 한다. 강(强)은 파괴력은 강하나 동작의 리듬이 끊어지기 쉬우며 유도적(誘導的)으로 유(柔)를 사용하여 받으면 분쇄(分碎)되기 쉽다. 반면에 유(柔)만을 사용한다면 연결성은 좋으나 파괴력이 약하고 가속력이 떨어지기 쉽다.

- 동작의 정확성이 있어야 한다. 정확성이 결여된 동작은 목표의 공격에 대한 적중률이 낮아지며, 적중되지 않는 공격은 효율이 떨어지게 된다.
  이와 같은 조건이 고루 갖추어진 동작이라야 강(强)과 유(柔)의 상호조화를 이룬 변환속에 가속력, 파괴력, 연속성, 적중력 등을 갖춘, 공격성과 방어성이 공존하여 완벽한 기법(技法)이 구비(具備)될 수 있다.

1) 주먹 지르기

차려

주먹 지르기 (준비)

(1) 주먹 세워 짧게 몸통지르기
(오른쪽)

(1) 주먹 세워 짧게 몸통지르기
(왼쪽)

(2) 주먹 제쳐 얼굴 지르기
(오른쪽)

(2) 주먹 제쳐 얼굴 지르기
(왼쪽)

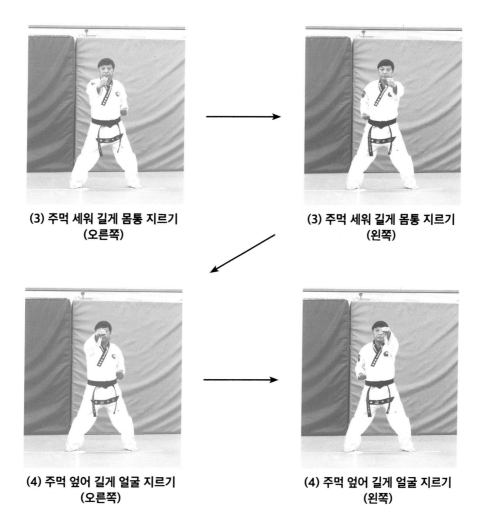

(3) 주먹 세워 길게 몸통 지르기
(오른쪽)

(3) 주먹 세워 길게 몸통 지르기
(왼쪽)

(4) 주먹 엎어 길게 얼굴 지르기
(오른쪽)

(4) 주먹 엎어 길게 얼굴 지르기
(왼쪽)

※ 기타 주먹 지르기

2) 팔굽치기

팔굽치기 준비

(1) 팔굽 올려치기 (오른쪽)

(1) 팔굽 올려치기 (왼쪽)

(2) 팔굽 돌려치기 (오른쪽)

(2) 팔굽 돌려치기 (왼쪽)

※ 기타 팔굽치기

3) 손날치기

손날치기 준비

(1) 손날 바깥치기 (오른쪽)

(1) 손날 바깥치기 (왼쪽)

(2) 손날 목치기 (오른쪽)

(2) 손날 목치기 (왼쪽)

※ 기타 손날치기

4) 막기

막기 준비

(1) 아래막기 (오른쪽)

(1) 아래막기 (왼쪽)

(2) 몸통막기

① 안 팔목 몸통 바깥막기
(오른쪽)

① 안 팔목 몸통 바깥막기
(왼쪽)

② 안 팔목 몸통 안막기 (오른쪽)

② 안 팔목 몸통 안막기 (왼쪽)

(3) 얼굴막기 (오른쪽)

(3) 얼굴막기 (왼쪽)

※ 기타막기

5. 기본동작 2

기존 태권도에서는 한 걸음에 한 동작(단순동작)이 보통이며 가끔 두 동작(복수동작)을 공격동작기술과 방어동작기술로 사용한다. 그러나 실전 태권도에서는 두 동작(복수동작)이 기본동작기술로 구성된다. 즉 공격과 방어, 방어와 공격이 동시에 혼재된 복합동작이 기본동작 기술로 구성된다.

1) 지르고 아래막기

차려

준비(자세)

복합동작

1) 지르고 아래막기-1 (오른쪽)

1) 지르고 아래막기-2 (오른쪽)

복합동작

1) 지르고 아래막기-1 (왼쪽)

1) 지르고 아래막기-2 (왼쪽)

2) 지르고 몸통막기

복합동작

2) 지르고 안팔목
몸통바깥막기-1 (오른쪽)

2) 지르고 안팔목
몸통바깥막기-2 (오른쪽)

복합동작

2) 지르고 안팔목
몸통바깥막기-1 (왼쪽)

2) 지르고 안팔목
몸통바깥막기-2 (왼쪽)

2) 지르고 안팔목 몸통안막기-1
(오른쪽)

복합동작

2) 지르고 안팔목 몸통안막기-2
(오른쪽)

2) 지르고 안팔목 몸통안막기-1
(왼쪽)

복합동작

2) 지르고 안팔목 몸통안막기-2
(왼쪽)

3) 지르고 얼굴막기

3) 지르고 얼굴막기-1 (오른쪽)   복합동작   3) 지르고 얼굴막기-2 (오른쪽)

3) 지르고 얼굴막기-1 (왼쪽)   복합동작   3) 지르고 얼굴막기-2 (왼쪽)

※ 기타 기본공격동작기술(지르고, 치고, 찌르기)과
　방어동작기술(막기, 꺽기, 잡기 꺽기)

6. 발차기

준비(자세)

1) 앞차기

2) 옆차기

3) 돌려차기

※ 기타 발차기 공격 동작 기술(차기 밟기 뻗기 밀어차기)과
방어동작기술 (걸기 밟기 치기)

7. 육기공 (六技功)

실전 무예를 구사하는데 필요한 동작기술로 힘, 속도, 순발력, 전신지구력과 응용력을 기르는 기공 수련법이다.

차려

육기공 준비(자세)

1) 바탕손밀기

2) 잡아당기기

3) 얼굴몸통 동시 엇갈려 막기
(오른손 하, 왼손 상)

4) 얼굴몸통 동시 엇갈려 막기
(오른손 상, 왼손 하)

5) 왼바깥팔목 얼굴막고
오른 안팔목 아래옆막기
(오른손 하, 왼손 상)

6) 오른바깥팔목 얼굴막고
왼안팔목 아래옆막기
(오른손 상, 왼손 하)

7) 바탕손 동시 좌우 옆밀기

8) 바탕손 동시 모으기

9) 바탕손 처 올리고 누르기
(오른손 하, 왼손 상)

10) 바탕손 처 올리고 누르기
(오른손 상, 왼손 하)

11) 양손목 안으로 비틀기
(오른손 상, 왼손 하)

12) 양손목 밖으로 비틀기
(오른손 상, 왼손 하)

13) 양손 상하 지르기
(오른손 하, 왼손 상)

14) 양손 상하 지르기
(오른손 상, 왼손 하)

15) 양손 원형치기

16) 양손 등주먹 내려치기

17) 양손 뽑기

18) 양손 들어올리기

19) 양손 상단 옆으로 찢기

20) 양손 교차 밀어모으기

21) 바탕손 뒤집기
(오른손 하, 왼손 상)

22) 양손 밖으로 말아 돌리기
(오른손 하, 왼손 상)

23) 양손 안으로 말아 돌리기
(오른손 하, 왼손 상)

24) 양팔 안으로 조이기

25) 양손 휘돌려 손날치기

26) 정면(앞으로) 양주먹 엎어
원형 바로지르기

27) 정면 양주먹 제쳐 원형
바로지르기

28) 양손목 위로 튕기기

29) 양손 바탕손 눌러치기

30) 좌우 양팔굽
동시 옆으로 치기

31) 좌우 양손날
동시 옆으로 치기

32) 좌우 안팔목 안으로 모으기

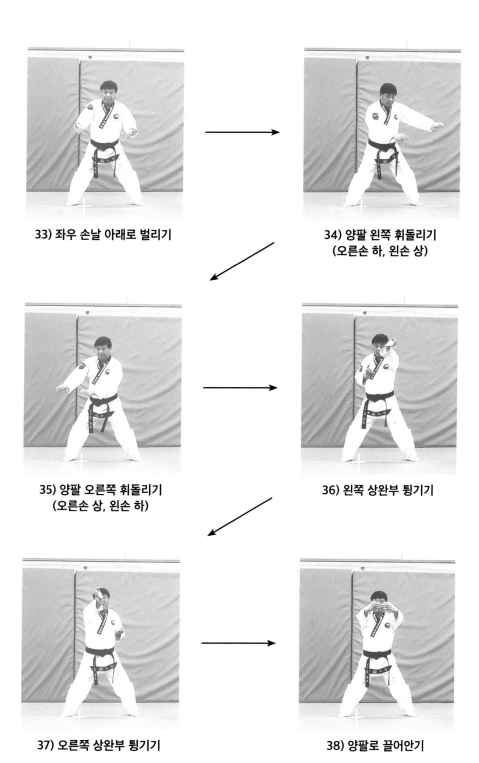

33) 좌우 손날 아래로 벌리기

34) 양팔 왼쪽 휘돌리기
(오른손 하, 왼손 상)

35) 양팔 오른쪽 휘돌리기
(오른손 상, 왼손 하)

36) 왼쪽 상완부 튕기기

37) 오른쪽 상완부 튕기기

38) 양팔로 끌어안기

39) 그만(원위치)

(출전 : 지용태, 1986)

8. 품세(형·연무세)

품세는 어떤 목적에 따라 그 목적에 적합하게 기본동작기술들(공격동작과 방어동작)을 유기적으로 이어놓은 수련기법(修鍊技法)이다.

품세의 종류는 각 형(型)의 수련목적에 따라 여러 가지가 있다. 초기 품세들은 수기(手技)와 족기(足技)를 이동하면서 연결구사하여 7초 내에 16동작을 구사하여야 한다.

(출전 : 문무타격도회, 1969)

이와 같이 품세에 시간을 도입시킨 것은 실전태권도 뿐이다. 품세는 실전겨루기의 모체로서 품세를 숙달했을 경우, 그대로 실전에 사용이 가능하다. 그러므로 실전태권도를 수련한 사람은 누구나 실제의 이론적인 원칙과 기준에 의하여 품세를 만들 수 있도록 품세의 공식을 제정해 놓았다(품세의 공식 참조). 이 품세의 공식을 이용하여 품세를 대체적인 목적별로 분류하여 공격품세, 방어품세, 공격방어품세, 방어공격품세로 나누어 수련할 수 있다.

품세는 아래와 같은 뜻으로 만들어진다.

- **실전적 품세** : 실전 품세는 겨루기의 모체로서 실전에 한치의 어긋남이 없어야 하며 그 이론과 원리가 수학적, 과학적 및 체계적이어야 한다.
- **추상적(상징적)인 품세**
- **근(肋), 골(骨) 및 호흡 위주의 품세**
- **기타**

(출전 : 최승모, 1981)

1) 기본품세

기본동작을 이용하여 실전에 적용시킬 수 있는 가장 핵심적 기초가 되는 동작기술로 구성된다.

기본 제1형, 기본 제2형, 기본 제3형이 있다. 오행(5)과 팔괘(8)를 합한 수 13개 동작기술로 기본품세를 제정하였다. 품세선(연무선)은 전·후·좌·우, 동·서·남·북을 의미하는 十자 연무선을 택하였다. 초보자 품세이다.

(1) 기본 제 1 형

물은 위(上)에서 아래(下)로 흐른다. 즉 순리를 따른다는 의미이다.

위(上)에서 아래(下)로 행(行)하는 아래막기와, 직선의 개념인 주먹 지르기로 구성된다.

연무선 : 十자형
동작수 : 10동작

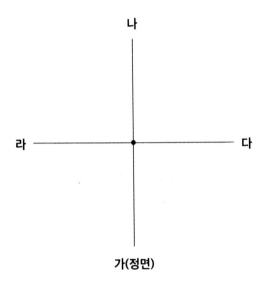

준비 : 기본(준비)서기

제 1 동작
- 오른발 "나" 방향으로 한걸음 물러딛고
- 왼앞굽이
- 왼팔목 아래막기

제 2 동작
- 오른발 "가" 방향으로 한걸음 옮겨딛고
- 오른앞굽이
- 오른주먹지르기

제 3 동작
- 오른발 "라" 방향으로 한걸음 옮겨딛고
- 오른앞굽이
- 오른팔목 아래막기

제 4 동작

- 왼발 "라" 방향으로 한걸음 옮겨딛고
- 왼앞굽이
- 왼주먹지르기

제 5 동작

- 오른발 축으로 몸을 왼쪽으로 돌아 "다" 방향에 옮겨 딛어
- 왼앞굽이
- 왼팔목 아래막기

제 6 동작

- 오른발 "다" 방향으로 한걸음 옮겨딛고
- 오른앞굽이
- 오른주먹지르기

제 7 동작

- 오른발 "가" 방향으로 한걸음 옮겨딛어
- 오른앞굽이
- 오른팔목 아래막기

제 8 동작
- 왼발 "가" 방향으로 한걸음 나가
- 왼앞굽이
- 왼주먹지르기

제 9 동작
- 왼발 "나" 방향으로 한걸음 물러딛고
- 오른앞굽이
- 오른주먹지르기

제 10 동작
- 오른발 "나" 방향으로 한걸음 물러딛고
- 왼앞굽이
- 왼주먹지르기   -기합-

"그만(바로)"
오른발 끌어 왼발쪽으로 당기며 기본준비서기로 한다.

(2) 기본 제 2 형

기본동작기술을 내측(안쪽)에서 외측(바깥쪽)으로,
또는 외측에서 내측으로 행(行)하는 동작기술로
몸통막기, 손날치기, 손날거들어 바깥막기로 구성된다.

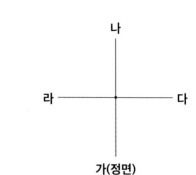

연무선 : 十자형
동작수 : 10동작

준비 : 기본(준비)서기

제 1 동작
- 오른발 "나" 방향으로 한걸음 물러딛고
- 오른뒷굽이
- 왼손날 바깥치기

제 2 동작
- 오른발 "가" 방향으로 한걸음 옮겨딛고
- 왼뒷굽이
- 오른팔목 몸통막기(안막기)

제 3 동작

- 오른발 "라" 방향으로 한걸음 옮겨딛고
- 왼뒷굽이
- 오른손날 바깥치기

제 4 동작

- 왼발 "라" 방향으로 한걸음 옮겨딛고
- 오른뒷굽이
- 왼팔목 몸통막기

제 5 동작

- 오른발 축으로 몸을 왼쪽으로 돌아 "다" 방향에
  옮겨 딛어
- 오른 뒷굽이
- 왼손날 바깥치기

제 6 동작

- 오른발 "다" 방향으로 한걸음 나가
- 왼뒷굽이
- 왼팔목 몸통막기

제 7 동작

- 왼발 축으로 오른발 "가"방향으로 옮겨딛어
- 오른뒷굽이
- 오른손날 바깥치기

제 8 동작

- 왼발 "가" 방향으로 한걸음 옮겨딛어
- 오른뒷굽이
- 왼팔목 몸통막기

제 9 동작

- 왼발 "나" 방향으로 한걸음 물러딛고
- 왼뒷굽이
- 손날몸통막기(양손날)

제 10 동작

- 오른발 "나" 방향으로 한걸음 물러딛고
- 오른뒷굽이
- 손날몸통막기(양손날)   -기합-

"그만(바로)"
오른발 끌어 왼발쪽으로 당기며 기본준비서기로
한다.

(3) 기본 제 3 형

아래에서 위로 쳐올리는 동작기술로 얼굴막기,
짧게 끊어치는 단타(등주먹치기),
거들어막기로 구성된다.

연무선 : 十자형
동작수 : 10동작

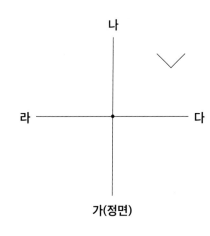

※ 전반부

준비 : 기본(준비)서기

제 1 동작

- 오른발 "나" 방향으로 한걸음 물러딛고
- 왼앞굽이
- 왼팔목 얼굴막기

제 2 동작

- 오른발 "가" 방향으로 한걸음 옮겨딛고
- 오른앞굽이
- 오른등주먹치기

제 3 동작

- 오른발 "라" 방향으로 한걸음 옮겨딛고
- 오른앞굽이
- 오른팔목 얼굴막기

제 4 동작

- 왼발 "라" 방향으로 한걸음 옮겨딛고
- 왼앞굽이
- 왼등주먹치기

제 5 동작

- 오른발 축으로 몸을 왼쪽으로 돌아 "다" 방향에
  옮겨 딛어
- 왼앞굽이
- 왼팔목 얼굴막기

제 6 동작

- 오른발 "다" 방향으로 한걸음 옮겨딛고
- 오른앞굽이
- 오른등주먹치기

제 7 동작

- 오른발 "가" 방향으로 한걸음 옮겨딛어
- 오른앞굽이
- 오른팔목 얼굴막기

제 8 동작

- 왼발 "가" 방향으로 한걸음 나가
- 왼앞굽이
- 왼등주먹치기

제 9 동작

- 왼발 "나" 방향으로 한걸음 물러딛고
- 오른앞굽이
- 거들어막기

제 10 동작

- 오른발 "나" 방향으로 한걸음 물러딛고
- 왼앞굽이
- 거들어막기   -기합-

"그만(바로)"
오른발 끌어 왼발쪽으로 당기며 기본준비서기로
한다.

2) 무극품세

무한의 가능상태 즉, 에너지 상태를 의미하는 것으로 육기(머리, 몸통, 두손, 두발)에서 힘과 에너지를 분출해내는 반직선류, 완전직선류, 반곡선류, 완전곡선류의 방어와 공격(음·양) 동작기술로 구성된다.

전반부(8동작)와 후반부(8동작)로 나뉘며 16개 동작이 기본이다. 무극품세는 64개 동작(기술)까지 변화무쌍하게 전개할 수 있다. 제1형부터 제8형까지 각각 수(手)기본과 족(足)기본으로 분류하여 품세를 제정하였다. 유급자 품세이다.

(1) 무극 제 1 형

① 수기본 제 1 형

형의 공식 (11-22-22-11)

연무선 : 十자형

동작수 : 16동작

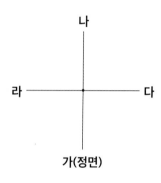

※ 전반부

차려

준비(겨루기자세)

제 1 동작

- 오른발 "가"선상에 한걸음 나가
- 오른앞굽이
- 왼주먹 세워 짧게 몸통지르기

제 2 동작

- 자세 그대로
- 오른앞굽이
- 왼주먹 제쳐 짧게 얼굴지르기

제 3 동작

- 왼발 "다"방향으로 한걸음 옮겨딛고
- 주춤서기
- 오른주먹 세워 길게 몸통지르기

제 4 동작

- 자세 그대로
- 주춤서기
- 오른주먹 엎어 길게 얼굴지르기

제 5 동작

- 왼발을 오른발에 붙이면서 오른발을 한걸음 "라" 방향으로 옮겨놓고(딛고)
- 주춤서기
- 왼주먹 세워 길게 지르기

제 6 동작

- 자세 그대로
- 주춤서기
- 왼주먹 엎어 길게 얼굴지르기

제 7 동작

- 오른발 "가", "다" 대각선 방향으로 옮겨딛고
- 오른앞굽이
- 오른주먹 세워 짧게 몸통지르기

제 8 동작

- 자세 그대로
- 오른앞굽이
- 오른주먹 제쳐 짧게 얼굴지르기

- 오른발 축으로 몸을 왼쪽으로 돌려 "나"
  방향으로 겨루기자세

※ 후반부 9동작부터 16동작은 전반부 1동작부터 8동작까지를 반대동작으로 한다.

② 족기본 제1형

형의 공식 (앞차기11-비틀어(반달)차기22-옆차기22-돌려차기11)

연무선 : 十자형

동작수 : 수기 16동작 + 발차기 8동작

준비 : 전반부(맞서기), 후반부(엇서기)

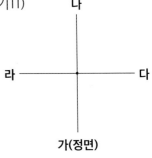

※ 전반부

차려

준비(겨루기자세)

제 1 동작
- 오른발 "가"방향으로 앞차기

- 찬 발을 "가"방향으로 내려딛고
- 오른앞굽이
- 왼주먹 세워 짧게 몸통지르기

제 2 동작
- 자세 그대로
- 오른앞굽이
- 왼주먹 제쳐 짧게 얼굴지르기

제 3 동작
- 왼발 " 다" 방향으로 비틀어차기

- 찬 발을 "다"방향에 내려놓고
- 주춤서기
- 오른주먹 세워 길게 몸통지르기

제 4 동작
- 자세 그대로
- 주춤서기
- 오른주먹 엎어 길게 얼굴지르기

제 5 동작
- 왼발을 오른발에 붙이면서 오른발을 옆차고

- 찬발을 "라" 방향으로 내려딛고
- 주춤서기
- 왼주먹 세워 길게 지르기

제 6 동작
- 자세 그대로
- 주춤서기
- 왼주먹 엎어 길게 얼굴지르기

제 7 동작
- 오른발 "가"방향으로 돌려차기

- 찬발을 "가", "다" 대각선 방향에 내려딛고
- 오른앞굽이
- 오른주먹 세워 짧게 몸통지르기

제 8 동작

- 자세 그대로
- 오른앞굽이
- 오른주먹 제쳐 짧게 얼굴지르기

- 오른발 축으로 몸을 왼쪽으로 돌려 "나"방향으로 겨루기자세

※ 후반부 9동작부터 16동작은 전반부 1동작부터 8동작까지를 반대동작으로 한다.

(2) 무극 제 2 형

① 수기본 제 2 형

형의 공식 (33-44-44-33)
연무선 : 十자형
동작수 : 16동작
준비 : 겨루기자세

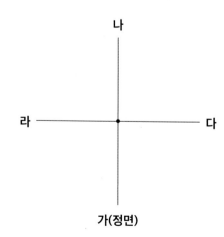

※ 전반부

차려

준비(겨루기자세)

제 1 동작
- 오른발 "가"선상에 한걸음 나가
- 오른앞굽이
- 왼팔굽올려치기

2 동작
- 자세 그대로
- 오른앞굽이
- 왼팔굽돌려치기

제 3 동작

- 왼발 " 다" 방향으로 한걸음 옮겨딛고
- 주춤서기
- 오른손날 바깥치기

제 4 동작

- 자세 그대로
- 주춤서기
- 오른손날 목치기

제 5 동작

- 왼발을 오른발에 붙이면서 오른발을 한걸음
  "라" 방향으로 옮겨딛고
- 주춤서기
- 왼손날 바깥치기

제 6 동작

- 자세 그대로
- 주춤서기
- 왼손날 목치기

제 7 동작

- 오른발 "가", "나" 대각선 방향으로 옮겨딛고
- 오른앞굽이
- 오른팔굽 올려치기

제 8 동작

- 자세 그대로
- 오른앞굽이
- 오른팔굽 돌려치기 (기합)

- 오른발 축으로 몸을 왼쪽으로 돌려 "나"방향으
  로 겨루기자세

※ 후반부 9동작부터 16동작은 전반부 1동작부터 8동작까지를 반대동작으로 한다.

② 족기본 제 2 형

형의 공식 (앞차기33-비틀어(반달)차기44-옆차기44-돌려차기33)

연무선 : 十자형

동작수 : 수기 16동작 + 발차기 8동작

준비 : 겨루기자세

※ 전반부

	**차려**
	**준비(겨루기자세)**
	**제 1 동작** - 오른발 "가"방향으로 앞차기

- 찬발을 "가"방향으로 내려딛어
- 오른앞굽이
- 왼팔굽올려치기

제 2 동작
- 자세 그대로
- 오른앞굽이
- 왼팔굽돌려치기

제 3 동작
- 왼발 " 다" 방향으로 비틀어차기

- 찬발을 "다"방향에 내려딛고
- 주춤서기
- 오른손날 바깥치기

제 4 동작
- 자세 그대로
- 주춤서기
- 오른손날 목치기

제 5 동작
- 왼발을 오른발에 붙이면서 오른발 옆차기

- 찬발을 "라"방향에 내려딛고
- 주춤서기
- 왼손날 바깥치기

제 6 동작
- 자세 그대로
- 주춤서기
- 왼손날 목치기

제 7 동작
- 오른발 "가"방향으로 돌려차기

- 찬발을 "가", "다" 방향에 내려딛고
- 오른앞굽이
- 오른팔굽 올려치기

제 8 동작
- 자세 그대로
- 오른앞굽이
- 오른팔굽 돌려치기 (기합)

- 오른발 축으로 몸을 왼쪽으로 돌려
  "나"방향으로 겨루기자세

※ 후반부 9동작부터 16동작은 전반부 1동작부터 8동작까지를 반대동작으로 한다.

(3) 무극 제 3 형

① 수기본 제 3 형

형의 공식 (12-34-34-12)

연무선 : 十자형

동작수 : 16동작

준비 : 겨루기자세

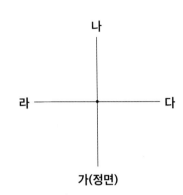

※ 전반부

차려

준비(겨루기자세)

제 1 동작

- 오른발 "가"선상에 한걸음 나가
- 오른앞굽이
- 왼주먹 세워 짧게 몸통지르기

제 2 동작
- 자세 그대로
- 오른앞굽이
- 왼주먹 엎어 길게 얼굴지르기

제 3 동작
- 왼발 " 다" 방향으로 한걸음 옮겨딛고
- 주춤서기
- 오른팔굽 돌려치기

제 4 동작
- 자세 그대로
- 주춤서기
- 오른손날 바깥치기

제 5 동작
- 왼발을 오른발에 붙이면서 오른발을 한걸음
  "라" 방향으로 옮겨딛고
- 주춤서기
- 왼팔굽 돌려치기

제 6 동작
- 자세 그대로
- 주춤서기
- 왼손날 바깥치기

제 7 동작
- 오른발 "가", "다" 대각선 방향으로 옮겨딛고
- 오른앞굽이
- 오른주먹 세워 짧게 몸통지르기

제 8 동작
- 자세 그대로
- 오른앞굽이
- 오른주먹 엎어 길게 얼굴지르기

- 오른발 축으로 몸을 왼쪽으로 돌려
  "나"방향으로 겨루기자세

※ 후반부 9동작부터 16동작은 전반부 1동작부터 8동작까지를 반대동작으로 한다.

② 족기본 제 3 형

형의 공식 (앞차기12-비틀어(반달)차기34-옆차기34-돌려차기12)

연무선 : 十자형

동작수 : 수기 16동작 + 발차기 8동작

준비 : 겨루기자세

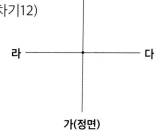

나

라 ——————— 다

가(정면)

※ 전반부

차려

준비(겨루기자세)

제 1 동작

- 오른발 "가"방향으로 앞차기

- 찬발을 "가"방향으로 내려딛고
- 오른앞굽이
- 왼주먹 세워 짧게 몸통지르기

제 2 동작

- 자세 그대로
- 오른앞굽이
- 왼주먹 엎어 길게 얼굴지르기

제 3 동작

- 왼발 " 다" 방향으로 비틀어차기

- 찬발을 "다"방향으로 내려딛고
- 주춤서기
- 오른팔굽 돌려치기

제 4 동작

- 자세 그대로
- 주춤서기
- 오른손날 바깥치기

제 5 동작

- 왼발을 오른발에 붙이면서 오른발 옆차기

- 찬발을 "라"방향에 내려딛고
- 주춤서기
- 왼팔굽 돌려치기

제 6 동작

- 자세 그대로
- 주춤서기
- 왼손날 바깥치기

제 7 동작
- 오른발 "가"방향으로 돌려차기

- 찬발을 "가", "다" 대각선 방향에 내려딛고
- 오른앞굽이
- 오른주먹 세워 짧게 몸통지르기

제 8 동작
- 자세 그대로
- 오른앞굽이
- 오른주먹 엎어 길게 얼굴지르기 (기합)

- 오른발 축으로 몸을 왼쪽으로 돌려
  "나"방향으로 겨루기자세

※ 후반부 9동작부터 16동작은 전반부 1동작부터 8동작까지를 반대동작으로 한다.

(4) 무극 제 4 형

① 수기본 제 4 형

형의 공식 (21-43-43-21)

연무선 : 十자형

동작수 : 16동작

준비 : 겨루기자세

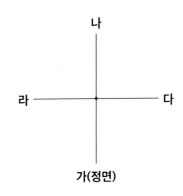

※ 전반부

	**차려**
	**준비(겨루기자세)**
	**제 1 동작** - 오른발 "가"선상에 한걸음 나가 - 오른앞굽이 - 왼주먹 엎어 길게 얼굴지르기

제 2 동작

- 자세 그대로
- 오른앞굽이
- 왼주먹 세워 짧게 몸통지르기

제 3 동작

- 왼발 "라" 방향으로 한걸음 옮겨딛고
- 주춤서기
- 오른손날바깥치기

제 4 동작

- 자세 그대로
- 주춤서기
- 오른팔굽돌려치기

제 5 동작

- 왼발을 오른발에 붙이면서 오른발을 한걸음
  "라" 방향으로 옮겨딛고
- 주춤서기
- 왼손날바깥치기

제 6 동작

- 자세 그대로
- 주춤서기
- 왼팔굽돌려치기

제 7 동작

- 오른발 "가", "다" 대각선 방향으로 옮겨딛고
- 오른앞굽이
- 오른주먹 엎어 길게 얼굴지르기

제 8 동작

- 자세 그대로
- 오른앞굽이
- 오른주먹 세워 짧게 몸통지르기

- 오른발 축으로 몸을 왼쪽으로 돌려
  "나"방향으로 겨루기자세

※ 후반부 9동작부터 16동작은 전반부 1동작부터 8동작까지를 반대동작으로 한다.

② 족기본 제 4 형

형의 공식 (앞차기21-비틀어(반달)차기43-옆차기43-돌려차기21)

연무선 : 十자형

동작수 : 수기 16동작 + 발차기 8동작

준비 : 겨루기자세

※ 전반부

	**차려**
	**준비(겨루기자세)**
	**제 1 동작** - 오른발 "가"방향으로 앞차기

- 찬발을 "가"방향으로 내려딛고
- 오른앞굽이
- 왼주먹 엎어 길게 얼굴지르기

제 2 동작
- 자세 그대로
- 오른앞굽이
- 왼주먹 세워 짧게 몸통지르기

제 3 동작
- 왼발 " 다" 방향으로 비틀어차기

- 찬발을 "다"방향으로 내려딛고
- 주춤서기
- 오른손날바깥치기

제 4 동작
- 자세 그대로
- 주춤서기
- 오른팔굽돌려치기

제 5 동작
- 왼발을 오른발에 붙이면서 오른발 옆차기

- 찬발을 "라"방향에 내려딛고
- 주춤서기
- 왼손날바깥치기

제 6 동작
- 자세 그대로
- 주춤서기
- 왼팔굽돌려치기

제 7 동작
- 오른발 "가"방향으로 돌려차기

- 찬발을 "가", "다" 대각선 방향에 내려딛고
- 오른앞굽이
- 오른주먹 엎어 길게 얼굴지르기

제 8 동작
- 자세 그대로
- 오른앞굽이
- 오른주먹 세워 짧게 몸통지르기 (기합)

- 오른발 축으로 몸을 왼쪽으로 돌려 "나"
  방향으로 겨루기자세

※ 후반부 9동작부터 16동작은 전반부 1동작부터 8동작까지를 반대동작으로 한다.

(5) 무극 제 5 형

① 수기본 제 7 형

형의 공식 (13-24-24-13)

연무선 : 十자형

동작수 : 16동작

준비 : 겨루기자세

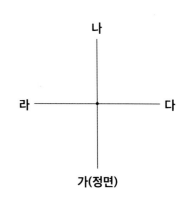

※ 전반부

	**차려**
	**준비(겨루기자세)**
	**제 1 동작** - 오른발 "가"선상에 한걸음 나가 - 오른앞굽이 - 왼주먹 세워 짧게 몸통지르기

제 2 동작

- 자세 그대로
- 오른앞굽이
- 왼팔굽돌려치기

제 3 동작

- 왼발 "라" 방향으로 한걸음 옮겨딛고
- 주춤서기
- 오른주먹 엎어 길게 주먹지르기

제 4 동작

- 자세 그대로
- 주춤서기
- 오른손날 바깥치기

제 5 동작

- 왼발을 오른발에 붙이면서 오른발을 한걸음
  "라" 방향으로 옮겨딛고
- 주춤서기
- 왼주먹 엎어 길게 주먹지르기

제 6 동작

- 자세 그대로
- 주춤서기
- 왼손날 바깥치기

제 7 동작

- 오른발 "가", "나" 대각선 방향으로 옮겨딛고
- 오른앞굽이
- 오른주먹 짧게 몸통지르기

제 8 동작

- 자세 그대로
- 오른앞굽이
- 오른팔굽 돌려치기

- 오른발 축으로 몸을 왼쪽으로 돌려
  "나"방향으로 겨루기자세

※ 후반부 9동작부터 16동작은 전반부 1동작부터 8동작까지를 반대동작으로 한다.

② 족기본 제 5 형

형의 공식 (앞차기13-비틀어(반달)차기24-옆차기24-돌려차기13)

연무선 : 十자형

동작수 : 수기 16동작 + 발차기 8동작

준비 : 겨루기자세

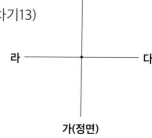

나

라 ——————— 다

가(정면)

※ 전반부

차려

준비(겨루기자세)

제 1 동작

- 오른발 "가"방향으로 앞차기

- 찬발을 "가"방향으로 내려딛고
- 오른앞굽이
- 왼주먹 세워 짧게 몸통지르기

제 2 동작
- 자세 그대로
- 오른앞굽이
- 왼팔굽돌려치기

제 3 동작
- 왼발 " 다 " 방향으로 비틀어차기

- 찬발을 "다"방향으로 내려딛고
- 주춤서기
- 오른주먹 엎어 길게 주먹지르기

제 4 동작

- 자세 그대로
- 주춤서기
- 오른손날 바깥치기

제 5 동작

- 왼발을 오른발에 붙이면서 오른발 옆차기

- 찬발을 "라"방향에 내려딛고
- 주춤서기
- 왼주먹 엎어 길게 주먹지르기

제 6 동작

- 자세 그대로
- 주춤서기
- 왼손날 바깥치기

제 7 동작

- 오른발 "가"방향으로 돌려차기

- 찬발을 "가", "다" 대각선 방향에 내려딛고
- 오른앞굽이
- 오른주먹 세워 짧게 몸통지르기

제 8 동작

- 자세 그대로
- 오른앞굽이
- 오른팔굽 돌려치기

- 오른발 축으로 몸을 왼쪽으로 돌려
  "나"방향으로 겨루기자세

※ 후반부 9동작부터 16동작은 전반부 1동작부터 8동작까지를 반대동작으로 한다.

(6) 무극 제 6 형

① 수기본 제 6 형

형의 공식 (31-42-42-31)

연무선 : 十자형

동작수 : 16동작

준비 : 겨루기자세

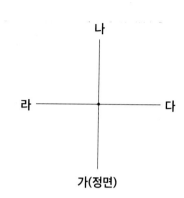

※ 전반부

	**차려**
	**준비(겨루기자세)**
	**제 1 동작** - 오른발 "가"선상에 한걸음 나가 - 오른앞굽이 - 왼팔굽돌려치기

제 2 동작

- 자세 그대로
- 오른앞굽이
- 왼주먹 세워 짧게 몸통지르기

제 3 동작

- 왼발 "다" 방향으로 한걸음 옮겨딛고
- 주춤서기
- 오른손날바깥치기

제 4 동작

- 자세 그대로
- 주춤서기
- 오른주먹 엎어 길게 주먹지르기

제 5 동작

- 왼발을 오른발에 붙이면서 오른발을 한걸음
  "라" 방향으로 옮겨딛고
- 주춤서기
- 왼손날바깥치기

제 6 동작

- 자세 그대로
- 주춤서기
- 왼주먹 엎어 길게 주먹지르기

제 7 동작

- 오른발 "가", "나" 대각선 방향으로 옮겨딛고
- 오른앞굽이
- 오른팔굽돌려치기

제 8 동작

- 자세 그대로
- 오른앞굽이
- 오른주먹 세워 짧게 몸통지르기

- 오른발 축으로 몸을 왼쪽으로 돌려
  "나"방향으로 겨루기자세

※ 후반부 9동작부터 16동작은 전반부 1동작부터 8동작까지를 반대동작으로 한다.

② 족기본 제 6 형

형의 공식 (앞차기31-비틀어(반달)차기42-옆차기42-돌려차기31)

연무선 : 十자형

동작수 : 수기 16동작 + 발차기 8동작

준비 : 겨루기자세

나

라 ――――― 다

가(정면)

※ 전반부

	**차려**
	**준비(겨루기자세)**
	**제 1 동작** - 오른발 "가"방향으로 앞차기

- 찬발을 "가"방향으로 내려딛어
- 오른앞굽이
- 왼팔굽돌려치기

제 2 동작
- 자세 그대로
- 오른앞굽이
- 왼주먹 세워 짧게 몸통지르기

제 3 동작
- 왼발 " 다" 방향으로 비틀어차기

- 찬발을 "다"방향으로 내려딛고
- 주춤서기
- 오른손날바깥치기

제 4 동작
- 자세 그대로
- 주춤서기
- 오른주먹 엎어 길게 주먹지르기

제 5 동작
- 왼발을 오른발에 붙이면서 오른발 옆차기

- 찬발을 "라"방향에 내려딛고
- 주춤서기
- 왼손날바깥치기

제 6 동작
- 자세 그대로
- 주춤서기
- 왼주먹 엎어 길게 주먹지르기

제 7 동작
- 오른발 "가"방향으로 돌려차기

- 찬발을 "가", "다" 대각선 방향에 내려딛고
- 오른앞굽이
- 오른팔굽돌려치기

제 8 동작
- 자세 그대로
- 오른앞굽이
- 오른주먹 세워 짧게 몸통지르기

- 오른발 축으로 몸을 왼쪽으로 돌려
  "나"방향으로 겨루기자세

※ 후반부 9동작부터 16동작은 전반부 1동작부터 8동작까지를 반대동작으로 한다.

(7) 무극 제 7 형

① 수기본 제 7 형

형의 공식 (14-23-23-14)

연무선 : 十자형

동작수 : 16동작

준비 : 겨루기자세

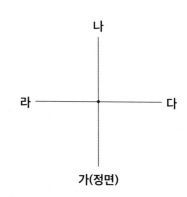

가(정면)

※ 전반부

차려

준비(겨루기자세)

제 1 동작

- 오른발 "가"선상에 한걸음 나가
- 오른앞굽이
- 왼주먹 짧게 몸통지르기

제 2 동작

- 자세 그대로
- 오른앞굽이
- 왼손날바깥치기

제 3 동작

- 왼발 "다" 방향으로 옮겨딛고
- 주춤서기
- 오른주먹 엎어 길게 주먹지르기

제 4 동작

- 자세 그대로
- 주춤서기
- 오른팔굽돌려치기

제 5 동작

- 왼발을 오른발에 붙이면서 오른발을 한걸음
  "라" 방향으로 옮겨딛고
- 주춤서기
- 왼주먹 엎어 길게 주먹지르기

제 6 동작
- 자세 그대로
- 주춤서기
- 왼팔굽돌려치기

제 7 동작
- 오른발 "가", "나" 대각선 방향으로 옮겨딛고
- 오른앞굽이
- 오른주먹 세워 짧게 몸통지르기

제 8 동작
- 자세 그대로
- 오른앞굽이
- 오른손날 바깥치기

- 오른발 축으로 몸을 왼쪽으로 돌려
  "나"방향으로 겨루기자세

※ 후반부 9동작부터 16동작은 전반부 1동작부터 8동작까지를 반대동작으로 한다.

② 족기본 제 7 형

형의 공식 (앞차기14-비틀어(반달)차기23-옆차기23-돌려차기14)

연무선 : 十자형

동작수 : 수기 16동작 + 발차기 8동작

준비 : 겨루기자세

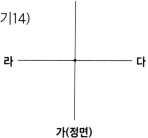

※ 전반부

차려

준비(겨루기자세)

제 1 동작

- 오른발 "가"방향으로 앞차기

- 찬발을 "가"방향으로 내려딛어
- 오른앞굽이
- 왼주먹 짧게 몸통지르기

제 2 동작
- 자세 그대로
- 오른앞굽이
- 왼손날바깥치기

제 3 동작
- 왼발 " 다" 방향으로 비틀어차기

- 찬발을 "다"방향에 내려딛고
- 주춤서기
- 오른주먹 엎어 길게 주먹지르기

제 4 동작
- 자세 그대로
- 주춤서기
- 오른팔굽돌려치기

제 5 동작
- 왼발을 오른발에 붙이면서 오른발 옆차기

- 찬발을 "라"방향에 내려딛고
- 주춤서기
- 왼주먹 엎어 길게 주먹지르기

제 6 동작
- 자세 그대로
- 주춤서기
- 왼팔굽돌려치기

제 7 동작
- 오른발 "가"방향으로 돌려차기

- 찬발을 "가", "다" 방향에 내려딛고
- 오른앞굽이
- 오른주먹 세워 짧게 몸통지르기

제 8 동작
- 자세 그대로
- 오른앞굽이
- 오른손날 바깥치기

- 오른발 축으로 몸을 왼쪽으로 돌려
  "나"방향으로 겨루기자세

※ 후반부 9동작부터 16동작은 전반부 1동작부터 8동작까지를 반대동작으로 한다.

(8) 무극 제 8 형

① 수기본 제 8 형

형의 공식 (41-32-32-41)

연무선 : 十자형

동작수 : 16동작

준비 : 겨루기자세

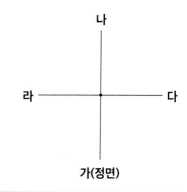

※ 전반부

차려

준비(겨루기자세)

제 1 동작

- 오른발 "가"선상에 한걸음 나가
- 오른앞굽이
- 왼손날바깥치기

제 2 동작

- 자세 그대로
- 오른앞굽이
- 왼주먹 세워 짧게 몸통지르기

제 3 동작

- 왼발 "다" 방향으로 한걸음 옮겨딛고
- 주춤서기
- 오른팔굽돌려치기

제 4 동작

- 자세 그대로
- 주춤서기
- 오른주먹 엎어 길게 주먹지르기

제 5 동작

- 왼발을 오른발에 붙이면서 오른발을 한걸음
  "라" 방향으로 옮겨딛고
- 주춤서기
- 왼팔굽돌려치기

제 6 동작

- 자세 그대로
- 주춤서기
- 왼주먹 엎어 길게 주먹지르기

제 7 동작

- 오른발 "가", "나" 대각선 방향으로 옮겨딛고
- 오른앞굽이
- 오른손날바깥치기

제 8 동작

- 자세 그대로
- 오른앞굽이
- 왼주먹 세워 짧게 몸통지르기

- 오른발 축으로 몸을 왼쪽으로 돌려
  "나"방향으로 겨루기자세

※ 후반부 9동작부터 16동작은 전반부 1동작부터 8동작까지를 반대동작으로 한다.

② 족기본 제 8 형

형의 공식 (앞차기41-비틀어(반달)차기32-옆차기32-돌려차기41)

연무선 : 十자형

동작수 : 수기 16동작 + 발차기 8동작

준비 : 겨루기자세

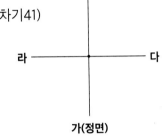

나

라 ——————— 다

가(정면)

※ 전반부

차려

준비(겨루기자세)

제 1 동작

- 오른발 "가"방향으로 앞차기

- 찬발을 "가"방향으로 내려딛어
- 오른앞굽이
- 왼손날바깥치기

제 2 동작
- 자세 그대로
- 오른앞굽이
- 왼주먹 세워 짧게 몸통지르기

제 3 동작
- 왼발 " 다" 방향으로 비틀어차기

- 찬발을 "다"방향에 내려딛고
- 주춤서기
- 오른팔굽돌려치기

제 4 동작

- 자세 그대로
- 주춤서기
- 오른주먹 엎어 길게 주먹지르기

제 5 동작

- 왼발을 오른발에 붙이면서 오른발 옆차기

- 찬발을 "라"방향에 내려딛고
- 주춤서기
- 왼팔굽돌려치기

제 6 동작

- 자세 그대로
- 주춤서기
- 왼주먹 엎어 길게 주먹지르기

제 7 동작
- 오른발 "가"방향으로 돌려차기

- 찬발을 "가", "다" 방향에 내려딛고
- 오른앞굽이
- 오른손날바깥치기

제 8 동작
- 자세 그대로
- 오른앞굽이
- 왼주먹 세워 짧게 몸통지르기

- 오른발 축으로 몸을 왼쪽으로 돌려
  "나"방향으로 겨루기자세

※ 후반부 9동작부터 16동작은 전반부 1동작부터 8동작까지를 반대동작으로 한다.

9. 품세의 유기적(有機的) 방법(方法)

품세를 수련함에 있어 끊임없이 이루어지는 공격동작기술과 방어동작기술의 연속적인 동작기술을 구사할 수 있는 기본적인 방법을 말한다.

기본적인 공격동작기술과 방어동작기술들은 그 자체가 불완전하므로 보충적인 동작기술들을 통해 보완하여야만 한다. 즉 단수(手)에서 복수(術)의 개념이다.

예컨대 A라는 사람이 B라는 사람을 공격했을 때 그 효과는 100%가
아니며, 이 때에

1) 상대가 K.O. 이상일 때는 저항력을 상실한다.

2) 상대가 어설프게 설맞았을 때 되 반격을 당할 수가 있다.

3) 상대가 방어했을 때 되 반격할 수 있다.

4) 상대가 회피했을 때 되 반격할 수 있다.

위 내용에 대한 비율은 1:3이며 2), 3), 4)의 경우는 불완전하므로 단수(手)의 개념인 기본동작은 불완전한 것이다. 그러므로 수(手)는 불완전하기 때문에 완전한 공격동작기술과 방어동작기술을 구사하기 위해서는 술(術)의 개념을 이해할 필요가 있다. 품세의 유기적 인출방법은 아래 표와 같다.

<품세의 유기적 인출방법>

선수 \ 후수	1	2	3	4	5	주기	보조기
1	11	12	13	14	15	1	1,2,3,4,5
2	21	22	23	24	25	2	1,2,3,4,5
3	31	32	33	34	35	3	1,2,3,4,5
4	41	42	43	44	45	4	1,2,3,4,5
5	51	52	53	54	55	5	1,2,3,4,5

※ 참고
  (1) 왼손 - 1, 오른손 - 2, 왼발 - 3, 오른발 - 4, 기타 - 5
  (2) 품세를 만들 때에는 16기본만을 사용하도록 한다.　　　　　　(출전: 박영수, 2007)

10. 품세의 구성조립

1) 기술적 방법

(1) 품세의 공식에 의하여 단계별 품세를 만든다.

　※ 속도, 정확도, 파괴력의 증진

(2) 목적과 의미(뜻)가 확실해야 한다.

(3) 반복적인 수련에 적합하도록 짜여져야 한다.

(4) 품세를 통하여 실제 상황에서 다양하게 응용이 되도록 짜여져야 한다.

(5) 신체 각 부위의 발달이 균형 있게 발육되도록 구성한다.

(6) 인격도야 및 자아완성에 기여 하도록 한다.

(7) 기타(동작이 빠를수록 위력적이다.)　　　　　　　　(출전 : 박영수, 2007)

2) 품세(型)의 제정(制定) 원리

실전태권도의 품세는 수학적인 원리를 활용하고 있다. 즉 품세의 공식을 제정(制定)해 놓고 이 공식을 품세(型)의 공식으로 도입(導入)하여 사용하고 있다.

(1) 품세의 공식(품세 동작 수) = $S(C)^n$

형의 공식을 간단히 설명하면 S는 주기(主技)를 뜻한다.

공격을 주로 하느냐 방어를 주로 하느냐 하는 목적에 따라 그에 부합(付合)되는 주(主)된 기법을 선택하게 된다. C는 보조기(補助技) 이다. 주기(主技)를 원활히 사용할 수 있도록 하는데 필요한 보조적인 기법으로서 상호연결성과 유기성(有機性)을 갖추어 다양한 기법을 전개할 수 있게 된다.

n 이란 연결성과 가속력(加速力)을 또는 그 밖의 어떤 목적으로 유도(誘導)하기 위하여 동일한 기법(技法)의 반복회수(返復回數)를 정(定)하는 정수(定數)로 상황의 필요에 따라 그 수(數)를 계속 늘릴 수 있다. 이 형의 공식에 각종 기법을 대입하면 무한히 많은 형(型)을 각(各) 특성별로 분류하고 그 중(中)에서 그 구성된 형(型)의 효력을 분석 검토하여 각기 목적에 상응하는 특성에 가장 적합하고 효율적인 형(型)을 선택하여 수련(修練)에 사용하게 된다. 다시 말하면, 가장 짧은 시간의 수련으로 가장 큰 위력을 얻을 수 있는 품세(型)를 골라서 쓸 수 있는 것이다.

(2) 품세(型)의 종류

① 공격을 위주(爲主)로 제정(制定)한 공격형

② 방어를 주(主)로 하여 안출(案出)한 방어형(防禦型)

③ 공격을 위주로 하면서 방어를 겸하여 짜여진 공·방어형

④ 방어를 위주로 하면서 공격을 가미하여 성안(成案)된 방어공격형(型)의

4가지 유형으로 대별(大別)된다.

(3) 품세(型)의 대련(對鍊)

공격형과 방어형, 공·방어형과 방(防)·공격형은 상호 대칭관계가 성립되므로 서로 형(型)으로서 맞추어 형대련(型對鍊)을 할 수 있다.

이 형대련이 계속 수련되면 자유대련의 최(最)근사치(近似値)의 효과를 얻을 수 있는 위치까지 끌어올릴 수 있으며 자유대련에서 발생하기 쉬운 부상의 위험부담을 최대한으로 줄일 수 있다.

(4) 시간의 도입

시간의 도입은 품세는 물론 모든 기법에 제한시간을 도입시킴으로서, 스피드, 유연성, 파괴력을 함께 함축한 기량과 위동(威動)이 얻어진다.(제한된 시간 내에 그 품세에 포함되어 있는 모든 동작을 완료해야 한다.) 예를 들어 실전태권도에서 제정(制定)한 가장 기초의 형(型)인 하수(下手)공격형(攻擊型)은 16개 동작으로 구성되어 있는데, 이 형(型)을 4초 내에 완료하여야 다음 단계로 진급(進級)을 할 수 있게 된다. 고로 이 때에는 1초에 4개 동작이 전개되어야 하는데 이 동작들이 단순한 수기(手技)만이라면 대단하게 평가하지 않을 수도 있으나, 이 16개 동작에는 수기(手技)와 족기(足技)가 상호 연결되어 있다고 한다면 그 가속력은 큰 위력을 발휘하게 되는 것이다. 또한 고수(高手)의 형(型)으로 올라갈수록 어려운 동작들로 구성되어 있으며 또한 그에 합당한 제한시간으로 규제(規制)하고 있는 것이다.

현재 국내외 어느 기존 무예에도 이와 같이 형(型)과 기법(技法)에 시간을 도입하고 있는 단체(團体)는 없는 것이 사실이다.

(5) 기법(技法) 안출(案出)의 원리

실전태권도에서는 형의 공식에서 얻어지는 원리를 응용하여 각종 기법을 안출해 냄으로써 기법의 다양화는 물론 특성별 기법의 안출이 가능할 뿐 아니라 가장 효율적인 기법의 성안(成案)이 가능하다. 이 모든 기법에도 제한시간을 도입하고 있다.

(출전 : 신효균, 1981)

11. 보법(step)

걸음걸이(step) 동작기법(技法)을 원리화 시킨 것으로 무예를 수련하는데 필요한 걸음걸이 이동방법.

1) 기본보법

(1) 앞으로

(2) 뒤로

(3) 좌로

(4) 우로

(5) 앞으로 이동

(6) 뒤로 이동

(7) 좌로 이동

(8) 우로 이동

2) 무극(無極)보법

무극이라함은 상대의 움직임 속에 이루어지는 어떠한 공·방 동작기술이라 할지라도 이에 대해 완벽하게 대처하여 제압할 수 있는 무한의 가능상태

즉 에너지상태를 의미하는 것으로서 이 극한점을 무극점이라 하며, 이 극점을 보법(step)과 일치시켜 상대를 제압하는 초고도의 경지에 도달하는 보법을 무극보법이라 한다.(모든 보법은 무극보법의 일부이다)

(1) 기본식

① 전진보법

- 왼(앞발)겨루기 자세에서 왼발이 앞으로 반걸음(1/2보) 전진
- 왼(앞발)겨루기 자세에서 오른발이 앞으로 한걸음 전진
- 왼(앞발)겨루기 자세에서 오른발이 왼발 뒤꿈치로 전진하면서 동시에 왼발이 앞으로 한걸음 전진(빠른발스텝)
- 왼(앞발)겨루기 자세에서 오른발이 왼발 앞으로 큰걸음 전진하면서 동시에 왼발이 앞으로 이동하는 동작

② 후진보법

- 왼(앞발)겨루기 자세에서 오른발이 뒤로 반걸음(1/2보) 후진
- 왼(앞발)겨루기 자세에서 왼발이 뒤로 한걸음 후진하는 동작기술
- 왼(앞발)겨루기 자세에서 왼발이 오른발 앞으로 후진하면서 동시에 오른발이 뒤로 한 걸음 이동하는 동작기술
- 왼(앞발)겨루기 자세에서 왼발이 오른발 뒤로 큰걸음 후진하면서 동시에 오른발이 왼 발 뒤로 이동하는 동작기술

(2) 숙달식

선수 \ 후수	1	2	3	4
1	11	12	13	14
2	21	22	23	24
3	31	32	33	34
4	41	42	43	44

- **제1식**   11   22   33   44
- **제2식**   21   32   43   14
- **제3식**   31   42   13   24
- **제4식**   41   12   23   34

3) 육합보법

인체의 모든 신체조직(머리1, 몸통1, 상지2, 하지2)을 최대한 동원하여 힘을 증폭시키는 보법 (step)을 말한다(일명 달리기보법이라고도 한다).

육합보법은 주로 파기공에서 사용되며 연속적으로 수련하면서 1보~5보 육합보법으로 수련할 수 있다. 육합보법은 반탄력을 최대한 이용하기 때문에 수련하면 할수록 강력한 힘과 스피드 가 증폭된다.

4) 음양수보법(陰陽手步法)

신체이동의 가장 기본이 되는 보법은 무(武)의 수련과정에서 매우 중요한 비중을 차지하고 있다. 전체가 244식(式)으로 되어 있는데 그 중에서 가장 기본이 되는 8式을 선택하여 음양보법 기준 8式이라 부르며 각 式마다 전후반부로 나뉘어 있고 전후반부는 각 2式으로 구성되어 총 32동작으로 구성되어있다. 전진을 양성(陽性), 후진을 음성(陰性), 공격성을 양성(陽性), 방어성을 음성(陰性)으로 보아 음양수보법이라 명칭하였다.

(문무타격도 회보, 1969)

복수동작보법으로 8방향(8가지)으로 수행한다. 음양수보법은 음양권법과 상호 유기적으로 융합이 되었을 때 실전태권도에서 그 효과를 100% 극대화 시킬 수 있다.

12. 음양권법(陰陽手)

손(手)을 사용하는 기법(技法)으로 음양상승(陰陽相乘)의 원리를 바탕으로 손을 가장 다양하게 사용할 수 있도록 창안되었다. 이 기법에는 공격과 방어가 동시에 함축되어 있으며, 초당 8~12개 동작으로 전개될 수 있고, 그 위력과 묘미(妙味)는 무궁무진하다.

수련과정의 기본수기(基本手技)는

① 반권(半拳)
② 정권(正拳)
③ 주첨(肘尖 : 팔굽)
④ 수도(手刀)

의 4가지를 사용하나 실제적으로 사용할 때는 수시로 필요에 따라 변형하여 사용할 수 있다. 예를들어 설명하면 반권(半拳)이 끌어서 권(拳)을 장(掌 : 손바닥)으로 바뀔 수도 있으며 관수(貫手)로 바뀔 수도 있고, 또는 동시에 하단방어(下段防禦)로 또는 상단방어(上段防禦), 중단방어(中段防禦)로 될 수 있는 것이다.

1) 음양권법 기본수기

(1) 반권 (반직선)

　① 주먹 세워 짧게 몸통지르기
　② 등주먹치기 (공·방어)
　③ 높은주먹 (고권(高拳) : 공·방어)
　④ 장권(掌拳) (공·방어)
　※ 기타

(2) 정권 (완전직선)

　① 주먹 세워 길게 지르기
　② 주먹 엎어 길게 지르기
　③ 바탕손 길게 치기
　④ 편손끝 찌르기

⑤ 기타

(3) 팔굽 (반곡선)

① 팔굽돌려치기
② 팔굽올려치기
③ 팔굽내려치기
④ 팔굽옆치기
⑤ 기타

(4) 손날 (완전곡선)

① 손날 안치기
② 손날 바깥치기
③ 손날내려 안치기
④ 손날내려 바깥치기
⑤ 손날등 안치기
⑥ 손날등 내려치기
⑦ 기타

(출전 : 신효균, 1981)

2) 음양권법 기본식

선수 \ 후수	1	2	3	4	주기	보조기
1	11	12	13	14	1	1,2,3,4,5
2	21	22	23	24	2	1,2,3,4,5
3	31	32	33	34	3	1,2,3,4,5
4	41	42	43	44	4	1,2,3,4,5

※ 숫자 1, 2, 3, 4는 기본공격(방어) 동작기술를 의미하며 앞자리수가 선수공격(방어)이고 뒷자리수가 후수공격(방어)을 나타낸 것이다.

※ 공격(방어)동작 기법의 종류

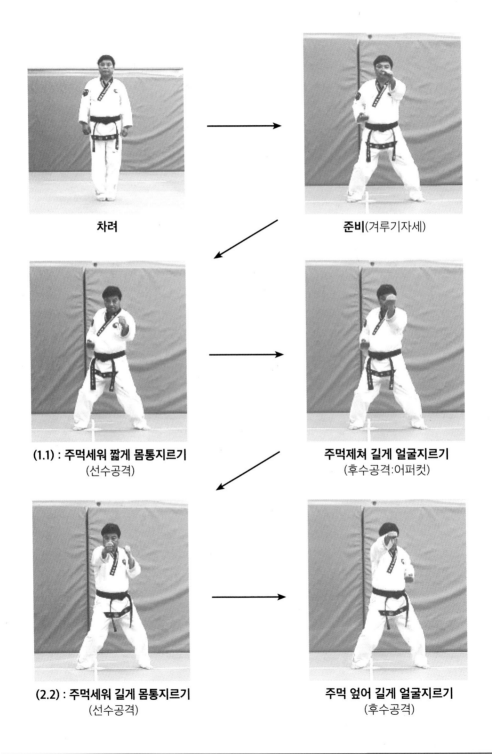

차려

준비(겨루기자세)

(1.1) : 주먹세워 짧게 몸통지르기
(선수공격)

주먹제쳐 길게 얼굴지르기
(후수공격:어퍼컷)

(2.2) : 주먹세워 길게 몸통지르기
(선수공격)

주먹 엎어 길게 얼굴지르기
(후수공격)

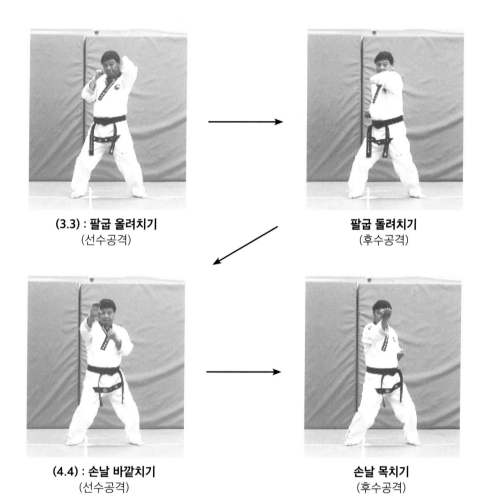

(3.3) : 팔굽 올려치기
(선수공격)

팔굽 돌려치기
(후수공격)

(4.4) : 손날 바깥치기
(선수공격)

손날 목치기
(후수공격)

3) 음양 권법 숙달식

수련방법은 강공법(강하게 수련), 속공법(빠르게 수련), 합공법(강공법+속공법)이 있다.

(1) 4식도(四式圖)

식별 ＼ 선공	좌(우)	우(좌)	좌(우)	우(좌)
1식	11	22	22	11
	33	44	44	33
2식	12	34	34	12
	21	43	43	21
3식	13	24	24	13
	31	42	42	31
4식	14	23	23	14
	41	32	32	41

1식(式)은 중복동작이므로 연결성의 결함이 있는 관계상 잘 사용하지 않으며 주로 2·3·4식을 활용한다. 따라서 총 48개 동작을 주로 사용하게 된다. 음양수(陰陽手)를 가장 빠르게 전개하는 경우 48개 동작을 2.5초에 완료(完了)한 예가 있다. 보통은 충분히 숙달하면 6초 내지 7초에 완료(完了)하게 되며 초당 7~8개 동작을 구사하는 것이다.

따라서 이 음양수를 사용하면 보통의 고수(高手)로는 당적(當敵) 하기가 어렵게 된다.

(2) 음양수(陰陽手)의 응용

① 적수공권(赤手空拳) : 음양수(陰陽手)를 익히면 적수공권법으로는 상승무예(上乘武藝)에 속하며 비록 수기(手技)만으로 되어 있으나 족기(足技)가 돌파(突破)할 틈을 주지 않고 선공제압(先攻制壓)의 우세를 점유(占有)할 수 있다.

② 단검(短劍)을 사용하여 음양수를 응용전개 할 경우 자신의 몸은 완전히 검(劍)으로 보호막이 형성됨은 물론 쾌속예리(快速銳利)하게 전개되는 검영(劍影)에 상대방은 속수무책으로 도주하지 않는 한 상해(傷害)를 면(免)할 수 없게 된다.

③ 봉술(棒術) : 단봉(短棒)을 2개 또는 장봉(長棒)을 1개 들고 이 음양수의 기법을 응용전개하면 적시(赤是) 그 위력이 무궁무진 하다. 따라서 음양수를 기본으로 하여 군(軍)및 경찰, 기타 특수기관을 위하여 각종 기법을 창안(創案)할 경우 각종 필요에 적합한 기법을 안출(案出)할 수가 있으며 이 타격술의 위력은 가히 언어로 표현하기 어려운 정도(程度)가 된다.

또한 음양수를 군 타격술로 응용할 경우의 예(例)

군(軍)이 단검(短劍)을 사용하면 군단검술(軍短劍術)이 되고, 봉법(棒法)을 전개하되, 봉(棒) 대신(代身) 총검(銃劍)을 쓸 경우 총검술이 되는 것이다. 따라서 음양수 한가지만 익히더라도 이를 충분히 응용한다면

① 적수공권무예(赤手空拳武藝)

② 단검술(短劍術)

③ 총검술(銃劍術)

의 3가지를 수련한 결과가 되므로 수련기간이 1/3로 절약되는 효과가 있다.

(3) 음양수 제 1식 (탐색, 위협)

※ 상대의 반응을 보는 것(탐색을 하면서 상대에게 위협을 느끼게 한다.)

	차려
	준비(겨루기자세)

· 전반부 11-22-22-11

제1권(선수)

왼주먹 짧게 몸통지르기

제1권(후수)

왼주먹 제쳐 길게 얼굴지르기(어퍼컷)

제2권(선수)

오른주먹 세워 길게 몸통지르기

제2권(후수)

오른주먹 엎어 길게 얼굴지르기

제2권(선수)

왼주먹 세워 길게 몸통지르기

제2권(후수)

왼주먹 엎어 길게 얼굴지르기

제1권(선수)

오른주먹 세워 짧게 몸통지르기

제1권(후수)

오른주먹 제쳐 길게 얼굴지르기(어퍼컷)

・후반부 33-44-44-33
제3권(선수)
왼팔굽 올려치기

제3권(후수)
왼팔굽 돌려치기

제4권(선수)
오른손날 바깥치기

제4권(후수)
오른손날 목치기

제4권(선수)

왼손날 바깥치기

제4권(후수)

왼손날 목치기

제3권(선수)

오른팔굽 올려치기

제3권(후수)

오른팔굽 돌려치기

그만(바로)

(4) 음양수 제 2 식 (돌파, 보호)

※ 뚫고 공격하는 것(보호막을 형성하면서 공격해야 한다.)

상대의 공격을 예측하여 유효적절하게 방어하면서 공격하는 것이다.

차려

준비(겨루기자세)

· 전반부 12-34-34-12
제1권(선수)
왼주먹 세워 짧게 몸통지르기

제2권(후수)
왼주먹 엎어 길게 얼굴지르기

제3권(선수)
오른팔굽 돌려치기

제4권(후수)
오른손날 바깥치기

제3권(선수)

왼팔굽 돌려치기

제4권(후수)

왼손날 바깥치기

제1권(선수)

오른주먹 세워 짧게 몸통지르기

제2권(후수)

오른주먹 엎어 길게 얼굴지르기

· 후반부 21-43-43-21

제2권(선수)

왼주먹 엎어 길게 얼굴지르기

제1권(후수)

왼주먹 세워 짧게 몸통지르기

제4권(선수)

오른손날 바깥치기

제3권(후수)

오른팔굽 돌려치기

제4권(선수)

왼손날 바깥치기

제3권(후수)

왼팔굽 돌려치기

제2권(선수)

오른주먹 엎어 길게 얼굴지르기

제1권(후수)

오른주먹 세워 짧게 몸통지르기(기합)

그만(바로)

(5) 음양수 제 3 식 (근접, 제압)

※ 상대가 접근했을 때 상대의 중심을 깨버리는 것.

접근(접촉)하여 제압할 수 있는 기술을 습득하여 상대가 붙었을 때 바로 제압하라.

차려

준비(겨루기자세)

· 전반부 13-24

제1권(선수)

왼주먹 세워 짧게 몸통지르기

제3권(후수)

왼팔굽 돌려치기

제2권(선수)

오른주먹 엎어 길게 얼굴지르기

제4권(후수)

오른손날 바깥치기

· 24-13
제2권(선수)
왼주먹 엎어 길게 얼굴지르기

제4권(후수)
왼손날 바깥치기

제1권(선수)
오른주먹 세워 짧게 몸통지르기

제3권(후수)
오른팔굽 돌려치기

· **후반부 31-42**
제3권(선수)
왼팔굽 돌려치기

제1권(후수)
왼주먹 세워 짧게 몸통지르기

제4권(선수)
오른손날 바깥치기

제2권(후수)
오른주먹 엎어 길게 얼굴지르기

· 42-31
제4권(선수)
왼손날 바깥치기

제2권(후수)
왼주먹 엎어 길게 얼굴지르기

제3권(선수)
오른팔굽 돌려치기

제1권(후수)
오른주먹 세워 짧게 몸통지르기

그만(바로)

(6) 음양수 제 4 식 (장악, 타격)

※ 상대의 진로를 유도하는 것. 상대방을 자기 수(手) 안에 놓고(무극점)
완벽하게 가격(장악) 하는 것.

차려

준비(겨루기자세)

· 전반부 14-23
제1권(선수)
왼주먹 세워 짧게 몸통지르기

제4권(후수)
왼손날 바깥치기

제2권(선수)
오른주먹 엎어 길게 얼굴지르기

제3권(후수)
오른팔굽 돌려치기

· 23-14
제2권(선수)
왼주먹 엎어 길게 얼굴지르기

제3권(후수)
왼팔굽 돌려치기

제1권(선수)
오른주먹 세워 짧게 몸통지르기

제4권(후수)
오른손날 바깥치기

• 후반부 41-32
제4권(선수)
왼손날 바깥치기

제1권(후수)
왼주먹 세워 짧게 몸통지르기

제3권(선수)
오른팔굽 돌려치기

제2권(후수)
오른주먹 엎어 길게 얼굴지르기

• 32-41
제3권(선수)
왼팔굽 돌려치기

제2권(후수)
왼주먹 엎어 길게 얼굴지르기

제4권(선수)
오른손날 바깥치기

제1권(후수)
오른주먹 세워 짧게 몸통지르기

그만(바로)

(출전 : 신효균, 1981)

무학원론·무학실전

정통
실전
태권도

제 4 장

실전태권도의
실제 II

1. 오행권 (금강권)

일명 금강권이라고도 하며, 무적의 권법으로 권술의 총화체이다.

- 제 1권은 견제권 (앞손-앞손)으로 학권(鶴拳)이라 한다.
- 제 2권은 유도권 (뒷손-뒷손)으로 사권(蛇拳)이라 한다.
- 제 3권은 제압권 (앞손-뒷손)으로 호권(虎拳)이라 한다.
- 제 4권은 타권 (뒷손-뒷손)으로 웅권(熊拳)이라 한다.
- 제 5권은 살권 (앞손견제-뒷손) 으로 용권(龍拳)이라 한다.

1) 오행 제 1권 : 앞손 - 앞손(견제권)

준비(오른쪽 자세)
왼팔은 손을 45°사선으로 하여 주관절(팔굽)을 자연스럽게 굽힌 상태에서 오른손(주먹)은 우측 장골능 부위에 놓은 자세(사진-1)
※왼쪽 준비자세는 반대로 취한다.

왼 주먹(정권)을 20cm정도 상대에게 뻗어 견제 한 후(사진-2)

그 상태에서 정권으로 길게 상대방을 타격과
동시에 (사진-3)

원 위치(겨루기 자세) (사진-4)

2) 오행 제 2권 : 뒷손 - 뒷손 (유도권)

준비(오른쪽 자세)
왼팔은 손을 45°사선으로 하여 주관절(팔굽)을
자연스럽게 굽힌 상태에서 오른손(주먹)은 우측
장골능 부위에 놓은 자세(사진-1)
※ 왼쪽 준비자세는 반대로 취한다.

뒷손으로 반권 지르고 (사진-2)

바로 그 손으로 정권 지르기와 동시에
(사진-3)

원 위치 (사진-4)

3) 오행 제 3권 : 앞손-뒷손(제압권)

준비(오른쪽 자세)
왼팔은 손을 45°사선으로 하여 주관절(팔굽)을
자연스럽게 굽힌 상태에서 오른손(주먹)은 우측
장골능 부위에 놓은 자세(사진-1)
※ 왼쪽 준비자세는 반대로 취한다.

앞손 지르고 이어서 (사진-2)

바로 뒷손 지르기와 동시에 (사진-3)

원 위치 (사진-4)

4) 오행 제 4권 : 뒷손 - 뒷손 (타권)

준비(오른쪽 자세)
왼팔은 손을 45°사선으로 하여 주관절(팔굽)을
자연스럽게 굽힌 상태에서 오른손(주먹)은 우측
장골능 부위에 놓은 자세(사진-1)
※ 왼쪽 준비자세는 반대로 취한다.

뒷손 지르고 이어서 (사진-2)

바로 뒷손 지르기와 동시에 (사진-3)

원 위치 (사진-4)

5) 오행 제 5권 : 앞손견제 - 뒷손 (살권)

준비(오른쪽 자세)
왼팔은 손을 45°사선으로 하여 주관절(팔굽)을
자연스럽게 굽힌 상태에서 오른손(주먹)은 우측
장골능 부위에 놓은 자세(사진-1)
※ 왼쪽 준비자세는 반대로 취한다.

앞손 바탕 손으로 견제 후 (사진-2)

바로 뒷손 공격 길게 지르기와 동시에 (사진-3)

원 위치 (사진-4)

(출전 : 최승모, 1980)

2. 오행권법 기본식

선수 \ 후수	1	2	3	4	5	주기	보조기
1	11	12	13	14	15	1	1,2,3,4,5
2	21	22	23	24	25	2	1,2,3,4,5
3	31	32	33	34	35	3	1,2,3,4,5
4	41	42	43	44	45	4	1,2,3,4,5
5	51	52	53	54	55	5	1,2,3,4,5

※ 숫자 1, 2, 3, 4, 5는 기본공격(방어) 동작기술을 의미하며 앞자리수가 선수공격(방어)이고 뒷자리수가 후수공격(방어)을 나타낸 것이다.

(출전 : 최승모, 1980)

3. 오행권법 숙달식

금강권법 응용숙달식					
제 1식(학권)	11	22	33	44	55
제 2식(사권)	21	32	43	54	15
제 3식(호권)	31	42	53	14	25
제 4식(웅권)	41	52	13	24	35
제 5식(용권)	51	12	23	34	45

4. 오행각법 (금강각법)

일명 금각각법이라고도 하며 발차기 동작기술(기법)의 총화체이다.

1) 오행각법 기본식(구성)

(1) 제 1각 (견제 발차기)

앞발차기(앞차기, 옆차기, 돌려차기, 찍어차기, 후려차기, 돌개차기 적용)

(2) 제 2각 (유도발차기)

뒷발차기(앞차기, 옆차기, 돌려차기, 찍어차기, 후려차기, 돌개차기 적용)

(3) 제 3각 (제압발차기)

앞발(뒷발) 받아차기

(4) 제 4각 (타격발차기)

뒷발 - 앞발(나래차기)

(5) 제 5각 (반격발차기)

앞발견제 - 뒷발(앞발주면서 뒷발)

2) 오행각법 숙달식

제 1식	11~22~33~44~55
제 2식	21~32~43~54~15
제 3식	31~42~53~14~25
제 4식	41~52~13~24~35
제 5식	51~12~23~34~45

(출전 : 최승모, 1980)

5. 오행 보법 (금강보법)

일명 금강보법이라고도 하며, 오행권은 보법과 병행하여야 그 위력을 발휘한다. 각 오행권 보법의 변화는 4기본이며 기본변화는 20가지로 구성된다. 이 기본 변화를 숙달하면 360°방위를 변화무쌍하게 자유자제로 전개(시전) 할 수 있다.

1) 오행 제 1보법

(1) 오행전진 제 1보법

겨루기 준비(자세)
(사진-1)

왼발(앞발) 1/2보 전진하면서(사진-2)

동시에 앞으로 미끄러 스텝(전진)
(사진-3)

(2) 오행후진 제 1보법

겨루기 준비(자세)
(사진-1)

뒷발 1/2보 후진 후(사진-2)

뒤로 미끄러 스텝 (사진-3)

(3) 오행전진 제 2보법

겨루기 준비(자세)
(사진-1)

앞으로 미끄러 스텝(사진-2)

앞발 1/2전진(사진-3)

(4) 오행후진 제 2보법

겨루기 준비(자세)
(사진-1)

뒤로 미끄러 스텝 후 (사진-2)

뒷발 1/2 후진(사진-3)

2) 오행 제 2보법

(1) 오행전진 제 1보법

겨루기 준비(자세)
(사진-1)

뒷발 우측으로 반걸음 이동 후(사진-2)

그 발로 한걸음 앞으로 전진 스텝(사진-3)

(2) 오행후진 제 1보법

겨루기 준비(자세)
(사진-1)

앞발 좌측으로 반걸음 이동 후 (사진-2)

그 발 뒤로 한 걸음 후진 스텝
(사진-3)

(3) 오행전진 제 2보법

겨루기 준비(자세)
(사진-1)

뒷발 앞으로 1보 전진 후 (사진-2)

그 발 우측으로 반걸음 이동(스텝)
(사진-3)

(4) 오행후진 제 2보법

겨루기 준비(자세)
(사진-1)

앞발 한걸음 뒤로 이동 후 (사진-2)

그 발 왼쪽으로 반걸음 이동(스텝)
(사진-3)

3) 오행 제 3보법

(1) 오행전진 제 1보법

겨루기 준비(자세)
(사진-1)

앞발 반걸음 앞으로 전진 후 (사진-2)

발 바꿔 스텝(사진-3)

(2) 오행후진 제 1 보법

겨루기 준비(자세)
(사진-1)

뒷발 반걸음 뒤로 후진 후 (사진-2)

발바꿔 스텝(사진-3)

(3) 오행전진 제 2보법

겨루기 준비(자세)
(사진-1)

발 바꿔 스텝 후 (사진-2)

앞발 반걸음 전진(사진-3)

(4) 오행후진 제 2보법

겨루기 준비(자세)
(사진-1)

발 바꿔 스텝 후 (사진-2)

뒷발 반걸음 후진 (사진-3)

4) 오행 제 4보법

(1) 오행전진 제 1보법

겨루기 준비(자세)
(사진-1)

앞발 왼쪽사선 앞으로 반걸음 전진 후(사진-2)

뒷발 우측 사선 앞으로 한걸음 전진(사진-3)

(2) 오행후진 제 1보법

겨루기 준비(자세)
(사진-1)

뒷발 우측사선 뒤로 반걸음 이동 후 (사진-2)

앞발 좌측사선 뒤로 한걸음 후진(사진-3)

(3) 오행전진 제 2보법

겨루기 준비(자세)
(사진-1)

뒷발 우측사선 앞으로 한걸음 이동 후(사진-2)

반대 발 좌측사선 앞으로 한걸음 전진(사진-3)

(4) 오행후진 제 2보법

겨루기 준비(자세)
(사진-1)

앞발 좌측사선 뒤로 한걸음 이동 후 (사진-2)

반대 발 우측사선 뒤로 한걸음 이동 (사진-3)

5) 오행 제 5보법

(1) 오행전진 제 1보법

겨루기 준비(자세)
(사진-1)

앞발 앞으로 반걸음 전진 후 (사진-2)

뒷발 앞으로 반걸음 전진(스텝)
※ 이 때 뒷발의 뒤꿈치를 들어올려 주는데
　　그 발이 앞발 앞으로 더 넘어가서는 안된다.

(2) 오행후진 제 1보법

겨루기 준비(자세)
(사진-1)

뒷발 뒤로 반걸음 후진 후 (사진-2)

앞발 뒤로 반걸음 후진 (사진-3)
※ 이 때 앞발의 뒷굼치를 들어 올려주는데
　　그 발이 반대 발 뒤로 더 넘어가서는 안된다.

(3) 오행 전진 제 2보법

겨루기 준비(자세)
(사진-1)

뒷발 뒷굼치를 들어 반걸음 전진 후 (사진-2)

반대 발 뒷굼치를 들어 반걸음 전진(사진-3)

(4) 오행후진 제 2보법

겨루기 준비(자세)
(사진-1)

앞발 뒤로 뒷굼치 들어 반걸음 후진 후 (사진-2)

반대 발 뒷굼치 들어 반걸음 후진 (사진-3)

(출전 : 최승모, 1980)

6. 기본 삼권술

실전태권도에서 가장 기본이 되는 권술로서 정권, 장권, 고권을 말한다. 이 권술은 실전 상황에서 아주 광범위하게 사용되며, 신속하고 정확하게 목표를 공격할 수 있도록 연마해야한다.

1) 정권(바른주먹)

(1) 정권지르기
(2) 정권돌려지르기 (옆으로지르기 : 훅)
(3) 정권치지르기 (쳐올리기 : 어퍼컷)
(4) 기타

2) 장권(바탕손)

(1) 장권지르기
(2) 장권안막기
(3) 장권걸쳐막기
(4) 장권눌러막기
(5) 장권올려막기
(6) 기타

3) 고권(높은손목)

(1) 고권올려막기(치기)
(2) 고권돌려막기(치기)
(3) 고권바깥막기(치기)
(4) 기타

(출전 : 최승모, 1980)

7. 호신술 1

1) 손목 잡혔을 때 (피하기)

방어자 (왼쪽)	공격자 (오른쪽)

공격자가 오른손으로
방어자의 왼 손목을 잡았을 때 (사진-1)

방어자가 왼 팔굽을 위로(상단)굽혀 쳐올리면서
자기손목을 뺀후 (사진-2)

후진 스텝 (겨루기자세)
사진-3

2) 손목 잡혔을 때 (지르기)

방어자 (왼쪽)	공격자 (오른쪽)

공격자가 오른손으로
방어자의 왼 손목을 잡았을 때 (사진-1)

방어자가 오른손 편손 끝으로 공격자의 목을
찌른 후 (사진-2)

즉시 바탕손으로 공격자(상대)의 턱이나 가슴
부위 타격 (공격) (사진-3)

3) 손목 잡혔을 때 (꺽기)

방어자 (왼쪽)	공격자 (오른쪽)

공격자가 오른손으로
방어자의 왼 손목을 잡았을 때 (사진-1)

방어자가 오른손으로 상대의 오른손등을 잡아서
(사진-2)

우측 방향으로 공격자의 오른팔을 돌리면서
(사진-3)

계속해서 방어자의 왼쪽 팔로 공격자(상대)의
우측 주관절을 누르면서 꺽는다 (사진-4)

4) 손목 잡혔을 때 (던지기)

방어자 (왼쪽)	공격자 (오른쪽)	

공격자가 오른손으로
방어자의 왼 손목을 잡았을 때 (사진-1)

방어자의 오른발이 우측 사선으로 이동
전진하면서 (사진-2)

방어자의 오른손으로 상대(공격자)의 오른손등
(공격자의 손바닥이 하늘을 향한 상태)을 잡고
(사진-3)

재빠르게 방어자의 왼손으로 공격자의 위로
향한 손바닥을 잡아 (사진-4)

방어자가 왼발을 후진하면서 (사진-5)

공격자의 오른 팔을 방어자가 왼쪽 후진
방향으로 끌면서 던져버린다 (사진-6)

(출전 : 최승모, 1980)

8. 호신술 2

호신술은 자기방어를 위한 수단이다. 그러나 위급상황에서는 공격자를 완벽하게 제압할 필요가 있다. 가장 기본적인 보법 동작기술을 소개한다.

(1) 방어자의 왼쪽발이 공격자의 오른쪽 측면 무극점으로 파고 들어가는 보법동작기술

(2) 방어자의 오른발이 공격자의 왼쪽측면 무극점으로 파고 들어가는 보법동작기술

(3) 방어자가 빠른발 스텝으로 공격자의 좌·우 측면으로 파고 들어가는 보법동작기술

(4) 방어자의 왼발이 공격자의 오른쪽 측면으로 전진 후 즉시 오른발이 공격자에게 파고 들어가는 보법동작기술

(5) 방어자의 오른발이 공격자의 왼쪽측면으로 들어가면서 그 즉시 재빠르게 왼쪽발이 공격자에게 파고 들어가는 보법동작기술

(6) 기타응용보법

(출전 : 최승모, 1980)

1) 손목 잡혔을 때 (상대를 공격하기)

방어자 (왼쪽)	공격자 (오른쪽)

공격자가 오른손으로
방어자의 왼 손목을 잡았을 때 (사진-1)

방어자는 우측 발을 재빠르게 공격자(상대) 전면
앞으로 1보 전진하면서 (사진-2)

방어자의 오른손으로 공격자의 주관절 (정중면)
을 누르면서 (사진-3)

방어자의 팔굽으로 상대(공격자)의 얼굴이나 목
또는 몸통공격 (사진-4)

2) 멱살을 잡혔을 때 상대를 공격하기

| 방어자
(왼쪽) | 공격자
(오른쪽) |

공격자가 오른손으로 방어자의
멱살을 잡았을 때 (사진-1)

방어자의 오른발이 상대(공격자)의 가랑이
사이로 1보 전진하면서 (사진-2)

방어자의 왼쪽손날로 공격자의 내측 주관절
(정중면)을 외측으로 밀면서 (사진-3)

연속적으로 방어자의 오른 팔굽으로 상대의
얼굴이나 몸통공격(사진-4)

3) 허리띠를 잡혔을 때 상대를 공격하기

방어자 (왼쪽)	공격자 (오른쪽)	
		공격자가 오른손으로 방어자의 허리띠를 잡았을 때 (사진-1)
		방어자의 오른발이 공격자의 가랑이 사이로 1보 전진 이동하면서 (사진-2)
		동시에 오른팔로 공격자의 손목을 끌어당기면서 (사진-3)
		방어자의 왼쪽 손날이나 팔굽으로 공격자의 오른 팔굽을 찍어 누르면서 (사진-4)

계속해서 방어자는 허리를 굽혀 공격자의 손을 지면으로 끌어 내리면서 눌러버린다 (사진-5)

4) 뒤로 껴안아 잡혔을 때 상대를 공격하기

방어자   공격자
(왼쪽)   (오른쪽)

공격자가 양손으로 방어자를 겨드랑이 사이로 뒤에서 껴안아 잡았을 때 (사진-1)

방어자가 공격자의 손가락을 손등 쪽으로 젖혀 꺾어버린다 (사진-2)

9. 호신술 3

1) 공격자의 손(주먹) 공격을 제압하는 호신술

(1) 상대의 왼주먹과 오른주먹(원·투 스트레이트) 공격이 들어올 때

방어자 (왼쪽)	공격자 (오른쪽)

실전 준비자세 (사진-1)

공격자 : 왼손 잽(사진-2)

공격자 : 오른손 스트레이트가 들어오는 순간
(사진-3)

방어자 : 무극점으로 전진 파고들면서 오른팔로
　　　　 공격자의 왼쪽 주관절을 외측(바깥쪽)
　　　　 에서 내측(안쪽)으로 빗겨쳐 튕겨
　　　　 막아버리면서 연속적으로 방어자의
　　　　 오른손으로 공격자의 얼굴을 가격하는
　　　　 동시에(사진-4)

방어자 : 왼주먹으로 공격자의 오른 옆구리나
　　　　 몸통을 타격한다(사진-5)

※ 기타 변화수

2) 공격자의 발차기 공격을 제압하는 호신술

(1) 앞차기(오른발) 공격이 들어올 때

방어자 (왼쪽)	공격자 (오른쪽)

실전 준비자세 (사진-1)

공격자 : 오른발 앞차기 공격이 들어오는 순간
　　　　(사진2)
방어자 : 오른발이 무극점으로 전진 파고들면서
　　　　왼팔로 공격자의 오른발(다리)을
　　　　빗겨튕겨 막는 동시에 오른주먹으로
　　　　상대의 얼굴이나 가슴을 공격 후
　　　　(사진-3)

방어자 : 바로 반탄력을 이용하여 오른손
　　　　장권으로 공격자의 얼굴을 공격하면서
　　　　(사진-3) 그 즉시

방어자 : 왼쪽 장권으로 상대의 얼굴이나
　　　　몸통공격(사진-4)

※ 기타 변화수

(2) 옆차기(오른발) 공격이 들어올 때

방어자 (왼쪽)	공격자 (오른쪽)	
		실전 준비자세 (사진-1)
		공격자 : 오른발 옆차기 공격이 들어오는 순간 방어자 : 왼발이 무극점으로 전진 파고들면서 　　　　　왼팔 전완부 정중면 또는 팔굽으로 　　　　　공격자의 무릎을 빗겨 튕겨 　　　　　막아버리면서 (사진-2)
		그 후 연속적으로 방어자의 우측발이 전진하면서 오른팔굽으로 공격자를 공격한 후(사진-3)
		계속해서 오른등주먹으로 공격자의 얼굴공격 (사진-4)

※ 기타 변화수

(3) 돌려차기 오른발 공격이 들어올 때

① 공격자가 오른발 돌려차기로 상단(얼굴) 공격 할 때

방어자 (왼쪽)	공격자 (오른쪽)	
		실전 준비자세 (사진-1)
		공격자 : 오른발로 방어자의 상단(얼굴) 공격이 　　　　 들어오는 순간 (사진-2) 방어자 : 오른발이 무극점으로 전진 파고들어 　　　　 오른팔굽으로 공격자의 오른무릎을 　　　　 빗겨쳐 튕겨버리면서 (사진-2)
		그 후 연속적으로 방어자의 오른주먹(등주먹) 으로 공격자의 얼굴공격, 이때에 공격자는 뒤로 나자빠진다. (사진-3)

※ 기타 변화수

② 공격자가 오른 발 돌려차기로 몸통 공격할 때

방어자 (왼쪽)	공격자 (오른쪽)	
		실전 준비자세 (사진-1)
		공격자: 오른발로 몸통공격이 들어오는 순간 　　　　(사진2) 방어자 : 왼발이 무극점으로 전진 파고들면서 　　　　왼팔굽으로 공격자의 오른정강이를 　　　　내측에서 외측에서 튕겨버리면서 　　　　(사진-2) ※이때에 공격자가 밀려나가면서 뒤로 자빠진다.
		연속적으로 공격자가 밀려나가는 상태에서 방어자가 오른손(주먹)또는 오른발로 공격자를 타격 할 수 있다. (사진-3)

※ 기타 변화수

(4) 뒷차기 오른발 공격이 들어올 때

| 방어자
(왼쪽) | 공격자
(오른쪽) |

실전 준비자세 (사진-1)

공격자 : 오른발 뒷차기 공격이 시작되는 순간
이때에 공격자의 등이 보인다 (사진-2)

방어자 : 오른발이 공격자의 엉덩이 정중면
무극점으로 전진 파고들면서 왼쪽
장권으로 공격자의 왼쪽 주관절을
빗겨쳐 튕겨버리면서 (사진-3)

방어자 : 오른손(팔)으로 공격자의 등을
밀어버리거나, 타격한다 (사진-4)

※ 기타 변화수

(5) 뒤후리기 오른발 공격이 들어올 때

| | 방어자
(왼쪽) | 공격자
(오른쪽) |

실전 준비자세 (사진-1)

공격자 : 오른발 뒤후리기가 들어오는 순간
　　　　이때에 공격자의 등이 보인다 (사진-2)

방어자 : 오른발이 무극점으로 전진 파고들면서
　　　　오른팔 전완부(팔굽)로 공격자의 우측
　　　　종아리(무릎부위)를 튕겨버리면서
　　　　동시에 왼손으로 공격자의 왼쪽 옆구리
　　　　(몸통)을 타격한다 (사진-3)

※ 기타 변화수

(출전 : 최승모, 1980)

10. 응용병기술

응용병기술은 봉술, 단검술, 총검술 등이 있으며 살생의 무기술로
음양수 (1식,2식,3식,4식 中) 2式 (전반부 12-34-34-12, 후반부 21-43-43-21)을 적용한다.

1) 봉술 : 전반부, 후반부

차려 (사진-1)

준비(자세)
오른 뒷굽이 자세에서 왼손과 오른손으로 봉을
잡는다 (사진-2)

• 전반부(12-34-34-12)

1. (반직선 짧게 지르기)
오른발 앞으로 전진 하면서 오른 앞굽이에서
짧게 찌르기 (사진-3)

2. (완전직선 길게 지르기)
자세 그대로 오른 앞굽이자세에서 길게 찌르기
(사진-4)

3. (반곡선 내측 돌려치기)
왼발(뒷발)이 사선으로 전진 (이때에 왼발은
오른발과 평행선상에 위치하며 양발의 너비는
보통 걸음 한걸음 거리너비) 하면서 주춤서기
자세에서 내측으로 봉돌려치기 (사진-5)

4. (완전곡선 외측 돌려치기)
서기 그대로(주춤서기)에서 오른손 외측으로 봉
돌려치기
(사진-6)

3. (반곡선 내측 돌려치기)
왼발이 오른발 쪽으로 모아서면서 오른발이
오른쪽으로(평행으로) 1보 이동하면서 주춤서기
자세에서 내측으로 봉 돌려치기 (사진-7)

4. (완전곡선 외측 돌려치기)
자세 그대로 외측으로 봉 돌려치기 (사진-8)

1. (반직선 짧게 올려치기)
오른발이 내측사선으로 전진 이동하면서
오른앞굽이에서 봉 짧게 올려치기 (사진-9)

2. (완전직선 길게 올려치기)
자세 그대로 (오른앞굽이자세)에서 길게
올려치기 (사진-10)

• 후반부 (21-43-43-21)

2. (완전직선 길게 찌르기)
뒤로 돌아 왼 앞굽이 자세에서
길게 봉 찌르기
(사진-11)

전면   후면

전면　　　　후면

1. (반직선 짧게 찌르기)
자세 그대로 (왼 앞굽이자세)
짧게 봉 찌르기 (사진-12)

전면　　　　후면

4. (완전곡선 외측 돌려치기)
오른발이 사선으로 전진
(이때에 왼발과 평행선 유지)
주춤서기자세에서 외측으로
봉 돌려치기 (사진-13)

전면　　　　후면

3. (반곡선 내측 돌려치기)
자세 그대로(주춤서기)에서
내측으로 봉 돌려치기
(사진-14)

전면　　　　후면

4. (완전곡선 외측 돌려치기)
오른발을 왼발쪽으로
이동하여 붙이면서 동시에
왼쪽으로 왼발 이 이동
(주춤서기 거리자세 유지)
하면서 외측으로 봉
돌려치기 (사진-15)

전면　　　　　후면

3. (반곡선 내측 돌려치기)
자세 그대로 (주춤서기자세)
내측으로 봉 돌려치기
(사진-16)

전면　　　　　후면

2. (완전직선 길게 올려치기)
왼발 내측 사선으로 전진
이동하면서 왼 앞굽이
자세에서 길게 봉 올려치기
(사진-17)

전면　　　　　후면

1. (반직선 짧게 올려치기)
자세 그대로 짧게 봉
올려치기 (사진-18)

원 위치 (사진-19)

2) 검술(단검술) : 전반부, 후반부

차려 (사진-1)

준비(자세)
오른 뒷굽이 자세에서 왼손과 오른손으로 검을
잡는다
※ 왼손은 검날이 아래를 향하고 오른손은
　　검날이 사선 위 방향 (사진-2)

• 전반부(12-34-34-12)

1. (반직선 짧게 지르기)
오른발 앞으로 전진 오른앞굽이 자세에서
왼손으로 칼날 세워 짧게 지르기 (주먹 또는 검)
(사진-3)

2. (완전직선 길게 엎어지르기)
자세 그대로 (오른 앞굽이 자세) 왼손 길게 칼날
엎어 지르기 (주먹 또는 검) (사진-4)

3. (반곡선 내측 돌려 찌르기)
왼발(뒷발)이 사선으로 전진(이때에 왼발은
오른발과 평행선상에 위치하며 양발의 너비는
보통걸음 한걸음 너비)하면서 주춤서기
자세에서 내측으로 돌려 검날 찌르기 (사진-5)

4. (완전직선 외측 길게 베기)
서기 그대로 오른손 외측으로 검날로 베기
(사진-6)

3. (반직선 내측 짧게 돌려베기)
왼발이 오른발쪽으로 모아서면서 오른발이
오른쪽 평행선으로 1보 이동하면서
주춤서기자세에서 내측으로 검날 돌려베기
(사진-7)

4. (완전직선 외측길게 돌려찌르기)
자세 그대로 외측으로 검 돌려 찌르기 (사진-8)

1. (반직선 짧게 찌르기)
오른발이 내측사선으로 전진 이동하면서
오른앞굽이 자세에서 짧게 검 찌르기 (사진-9)

2. (완전직선 길게 찌르기)
자세 그대로 (오른앞굽이자세)길게 검 찌르기
(사진-10)

• 후반부 (21-43-43-21)

전면

후면

2. (완전직선 길게 지르기)
뒤로돌아 왼 앞굽이 자세에서
왼손 검 길게 지르기 (사진-11)

전면

후면

1. (반직선 짧게 지르기)
자세그대로 왼 앞굽이 자세에서
왼손 짧게 검 지르기 (사진-12)

전면 후면

4. (완전곡선 외측 길게 베기)
오른발 사선으로 전진
(이때에 왼발과 평행선 유지)
주춤서기자세에서 오른손 검
외측으로 베기 (사진-13)

전면 후면

3. (반곡선 내측 돌려 찌르기)
자세그대로 (주춤서기자세)에서
오른손 검 돌려찌르기 (사진-14)

전면 후면

4. (완전곡선 외측 길게 찌르기)
오른발 왼발에 붙이면서 동시에
왼쪽으로 왼발이 이동
(주춤서기 거리자세 유지)하면서
외측으로 왼손 검 찌르기
(사진-15)

전면 후면

3. (반곡선 내측 짧게 돌려 베기)
자세 그대로 (주춤서기자세에서)
내측으로 왼손 검 돌려베기
(사진-16)

 전면   후면

2. (완전직선 길게 찌르기)
왼발 내측 사선으로 전진
이동하면서 왼 앞굽이
자세에서 오른손검 길게
찌르기 (사진-17)

전면   후면

1. (반직선 짧게 찌르기)
자세 그대로 오른손검 짧게
찌르기 (사진-18)

원 위치 (사진-19)

3) 총검술 : 전반부, 후반부

차려 (사진-1)

준비(겨루기)자세
오른뒷굽이 자세에서 왼손과 오른손으로 총을
잡는다 (사진-2)

• 전반부(12-34-34-12)

1. (반직선 짧게 찔러)
오른발 앞으로 전진하면서 오른 앞굽이에서
짧게 찌르기 (사진-3)

2. (완전직선 길게 찔러)
자세 그대로 오른 앞굽이자세에서 길게 찌르기
(사진-4)

3. (반곡선 내측 돌려쳐)

왼발(뒷발)이 사선으로 전진 (이때에 왼발은
오른발과 평행선상에 위치하며 양발의 너비는
보통걸음 한걸음 너비) 하면서 주춤서기자세에서
내측으로 개머리판 돌려치기 (사진-5)

4. (완전곡선 외측 돌려쳐)

서기 그대로 (주춤서기자세)에서 외측으로
오른손 대검 돌려치기 (사진-6)

3(반곡선 내측 돌려쳐)

왼발이 오른발 쪽으로 모아서면서 오른발이
오른쪽으로 (평행으로) 1보 이동하면서 주춤서기
자세에서 내측으로 돌려치기 (사진-3)

4(완전곡선 외측 돌려쳐)

자세 그대로 외측으로 돌려치기 (사진-8)

1(반직선 짧게 올려쳐)

오른발이 내측사선으로 전진 이동하면서
오른앞굽이에서 짧게 올려치기 (사진-9)

2(완전직선 길게 올려쳐)

자세 그대로 (오른앞굽이자세)에서 길게
올려치기 (사진-10)

• 후반부(21-43-43-21)

전면 　　　　　　 후면

2(완전직선 길게 찔러)

뒤로돌아 왼앞굽이 자세에서
길게 대검 찌르기(사진-11)

전면 　　　　　　 후면

1(반직선 짧게 찔러)

자세 그대로 (왼앞굽이자세) 길게
대검 찌르기 (사진-12)

| 전면 | 후면 |

4(완전곡선 외측 돌려쳐)
오른발이 사선으로 전진(이때에 왼발과 평행선 유지) 주춤서기 자세에서 외측으로 돌려치기 (사진-13)

| 전면 | 후면 |

3(반곡선 내측 돌려쳐)
자세 그대로 (주춤서기)에서 내측으로 돌려치기 (사진-14)

| 전면 | 후면 |

4(완전곡선 외측 돌려쳐)
오른발을 왼발쪽으로 이동하여 붙이면서 동시에 왼쪽으로 왼발이 이동(주춤서기 거리자세 유지)하면서 외측으로 돌려치기 (사진-15)

| 전면 | 후면 |

3(반곡선 내측 돌려쳐)
자세 그대로 (주춤서기 자세에서) 내측으로 돌려치기 (사진-16)

전면　　　　　　후면

2(완전곡선 길게 올려쳐)

왼발 내측사선으로 전진이동
하면서 왼 앞굽이 자세에서
길게 올려치기 (사진-17)

전면　　　　　　후면

1(반직선 짧게 올려쳐)

자세그대로 짧게 올려치기
(사진-18)

원 위치 (사진-19)

(출전 : 최승모, 1975)

11. 무형권

무형권은 형체가 없는 주먹(손)이라는 뜻이며, 또한 왕(王)도 제압 할 수 있는 비법이라 하여 '제왕수'라고도 한다.

2002년 어느 가을날 오후 8시경이었다.

평택시 안정리 태권도장에서 박영수 스승님께서 한 참 수련을 하시던 중, 갑자기 야! 최사범 (최승모: 現 태권도 9단, 프로 태권도 9단) 이리 와서 나를 잘~보거라! 하시면서 주먹(손)을 한 번 쓱~뻗는데 아! 이것이 어찌 된 일인가?

박영수 스승님의 주먹(손)이 8개로 보이는 것이 아닌가?

분명히 주먹은 한 번을 뻗은 것 같은데 그 주먹(손)이 8개로 보이는 이 허상이 도대체 어떻게 된 것인가? 내가 혹시 최면술에 걸린 것이 아닌가? 얼떨떨하고 있는데 스승님께서 "최사범! 이것이 무형권(제왕수)이니라."하신다.

무형권(제왕수)은 상대의 공격 동작 기술과 방어 동작 기술을 뚫고 들어가 상대를 궤멸시키는 실전 태권도 최후의 비법이다.

무예의 근본 원리는 일원으로 시작하여 음양, 사상, 팔괘(16수, 32수, 64수)로 변화되면서 다시 역(易)으로 돌아와 환원된다.

하늘의 기를 받고 땅의 기운을 받아 힘의 원천이 되는 근본(본체) 생성 원리를 응용한 것이 일원이다. 무예의 시초는 무극에서 출발하여 64수로 변화하고 64수가 또다시 하나로 환원된다는 것이다.

실전 태권도에서는 음(방어 동작 기술)+ 양(공격 동작 기술)이 조화롭게 이루어져야 하며 이러한 음과 양의 법칙으로 실전 태권도에서는 기본동작이 복수 동작으로 구성되어 있다. 실전 태권도에서는 기본동작, 공격 동작 기술, 방어 동작 기술, 무학선, 보법(step), 음양수, 권법 등이 바로 음양(二氣)에 의해 만들어졌다.

사상(四象)은 봄, 여름, 가을, 겨울과 같이 멈출 수가 없는 것으로 이것은 전·후·좌·우·사방팔방의 공격과 방어를 완벽하게 수행할 수 있음을 의미하며 탐색, 돌파, 근접, 장악의 실전 겨루기를 뜻한다.

팔괘는 우주의 자연 섭리를 응용한 건·태·이·진·손·감·간·곤의 수를 근본 사상으로 하여 신비 오묘한 우주 섭리를 적용한 것이다.

기(氣)는 삼라만상의 모든 것이요! 기의 흐름과 기의 방향, 기의 순환을 알면 에너지가 생성되고 무예의 인출을 극대화할 수 있다.

무형권(제왕수)의 깨달음은 일원, 음양, 사상 그리고 팔괘를 근본으로 하여 도의 경지에 이름으로써 가능하다는 것을 일깨워준다.

박영수 스승님이 그저 경탄스러울 뿐이다.

"도(道)라고 할 수 있는 것은 영원한 도가 아니다. 도란 직관과 체험의 영역이지, 사변과 분석과 정의의 대상이 될 수 있는 도는 영원한 도가 아니다. 영원한 도는 근본적으로 형이상학적이고 우주적인 그 무엇이다!"라는 류인학 작가의 말이 떠오른다.

(출전 : 박영수, 최승모, 2002)

- 참고 문헌 -

경향신문(1977. 2. 18. 8면). 문무타격도, 무술의 세계

김태일(1997~2001). 무학선방향. 한국체육대학교 태권도학과

(무학원론, 무학실전, 실전겨루기) 강의자료. pp.22~24

류인학(1995). 도(道)란. 우리명산 답산기. 서울

문무타격도 회보(1967). 문무타격도 개요 해설집 p.6

문무타격도 회편(1969). 음양수보법, 문무타격도 개요 해설집 p.4

문무타격도 회편(1969). 품세(型)란, 문무타격도 개요 해설집 pp.4-5

박선기(1977). 실전겨루기의 공격과 방어의 4가지 형태.

박영수 구전자료 요약집(미출간)

박선기(1977). 실전겨루기 적용. 박영수 구전자료 요약집(미출간)

박선기(1978). 실전겨루기의 필수조건. 박영수 구전자료 요약집(미출간)

박승룡(1996). 실전태권도 특징. 태권도 신기술체계. 육군사관학교 강의자료. p.7

박영수, 최승모(2002). 무형권, 박영수 구전자료 요약집(미출간)

박영수(2007). 법(法). 프로태권도. 서울. ㈜스타북스 p.47

박영수(2007). 품세의 유기적 방법. 프로태권도. 서울. ㈜스타북스 p.166

박영수(2007). 품세의 구성조립. 프로태권도. 서울. ㈜스타북스 p.167

박영수(1981). 문무타격도 유래 및 구성. 한국무예원회보 p.13

최승모(1975). 응용병기술(봉술, 검술, 총검술), 박영수 구전자료 요약집(미출간)

스포츠한국 11호(1976. 9. 25.). 대한민국무술총연합회

전국시범대회 총검술 시범 (장소:논산훈련소)

신효균(1981). 기본동작. 원리(原理)무술의 약해(略解). 한국무예원

설립개요집 p.6

신효균(1981). 품세의 공식. 한국무예원 설립개요집 pp.6-7

신효균(1981. 3. 15.) 음양권법. 한국무예원 설립 개요집 p.6

신효균(1981. 3. 15.) 음양권법숙달식. 한국무예원 설립 개요집 p.7

신효균(1994) 실전태권도의 효용성, 세계문무도연맹 창도(創道)발기취지문 pp.4-5

지용태(1986). 내공심법. 박영수 구전자료 요약집(미출간)

지용태(1986). 육기공. 박영수 구전자료 요약집(미출간)

최승모(1985). 실전태권도(무학원론, 무학실전)의 철학사상, 신효균 박영수

구전자료 요약집(미출간)

최승모(1981-1992). 실전태권도 수련의 3대 요소 박영수 구전자료 요약집(미출간)

최승모(1981-1992). 수 · 술 · 법과 무인의 자세. 박영수 구전자료 요약집(미출간)

최승모(1981-1992). 품세(형 · 연무세). 박영수 구전자료 요약집(미출간)

최승모(1980). 오행권, 박영수 구전자료 요약집(미출간)

최승모(1980). 오행권법 기본식, 박영수 구전자료 요약집(미출간)

최승모(1980). 오행권법 숙달식, 박영수 구전자료 요약집(미출간)

최승모(1980). 오행각법, 박영수 구전자료 요약집(미출간)

최승모(1980). 오행보법, 박영수 구전자료 요약집(미출간)

최승모(1980). 호신술 I, 박영수 구전자료 요약집(미출간)

최승모(1980). 호신술 II, 박영수 구전자료 요약집(미출간)

최승모(1980). 호신술 III, 박영수 구전자료 요약집(미출간)

최승모(1980). 기본 삼권술, 박영수 구전자료 요약집(미출간)

- 도움을 주신 분 (무순) -

김태일 : 국기원 이사(현), 한국실업태권도연맹 회장(전), 한국체육대학교 외래교수(전),
　　　　프로태권도 9단

최승모 : 대한태권도협회 1급 심판(현), 대한태권도협회 1급 지도자,
　　　　러시아 쿠반 체육대학교 명예교수(현), 태권도 9단, 프로태권도 9단

이준희 : 프로태권도 연수원장(현), 태권도 8단, 프로태권도 9단

박선기 : 청와대 경호경찰 무도사범(전), 프로태권도연맹 총사범(전), 태권도 5단,
　　　　프로태권도 9단

박태병 : 대한태권도협회 1급 심판, 품새 1급 국제심판, 태권도 9단

김동진 : 미국 시카고 태권도관장(현), 태권도 7단, 프로태권도 9단

박재룡 : 대한프로태권도연맹 서울시중앙회장(현), 프로태권도 9단

이영일 : 대한프로태권도연맹 서울시협회장(현), 프로태권도 9단

지용태 : 국기원 품새 심사 감독관(현), 충남태권도협회 이사(현), 태권도 8단,
　　　　프로태권도 8단

황종길 : 프로태권도 9단

김희도 : 2006, 2007, 2016 WTF세계품새선수권대회 금메달 획득, 태권도 8단,
　　　　프로태권도 9단

김택진 : 대한프로태권도연맹 부회장(전), 프로태권도 9단

이동섭 : 제19대 국회의원, 태권도 9단, 프로태권도 9단

김기운 : 명문태권도장 관장(현), 연세대태권도최고지도자 13기 회장(13기),
　　　　아산시태권도협회부회장(현)

김용승 : 한국체육대학교 태권도학과 조교

이재봉 : 1983년 제6회세계태권도선수권대회 페더급 우승
　　　　1984년 대한민국 체육훈장 거상장 수상
　　　　2002년 부산 아시안게임 한국대표팀 감독
　　　　2009년 타이페이 농아올림픽 한국대표팀 감독
　　　　현 아시아태권도 연맹 심판위원장
　　　　현 한국체육대학교 태권도학과 학과장

- 편집자 프로필 -

牙山 정 락 희 (1948~)

온양고등학교 졸업
경희대학교 체육대학 체육학과 졸업
경희대학교 대학원 체육학 석사
경희대학교 대학원 체육학박사(운동해부학 전공)
(논문 : 운동선수와 시신의 배곧은근 형태 비교분석)
한국체육대학교 교수(인체해부학)(전)
미국 BALL STATE UNIVERSITY 생체해부역학실험실 교환교수
한국체육대학교 부설 스포츠과학연구소 생체해부역학실험실장(전)
고려대학교 의과대학 해부학교실 연구교수(전)
대한태권도협회 기획분과 위원장(전)
한국대학태권도연맹 이사(전)
한국체육대학교 체육학과 태권도부 지도교수(전)
제19회 대통령기 쟁탈 전국단체대항태권도대회 6연패 지도자상 수상
한국체육대학교 초대 태권도학과장(태권도학과 창설)
한국체육대학교 태권도학과 국가대표시범단 및 대표선수 65명 배출
한국체육대학교 교육대학원장(전)
한국체육대학교 사회체육대학원장(전)
한국체육대학교 최고경영자과정(WPTM)원장 겸 장학재단 이사(전)
한국체육대학교 명예교수(현)

- 시연자1 프로필 -

최 승 모(1952~)

박영수 스승으로부터 무학체계의 철학사상과 무학실전을 어려서부터 체계적으로 전수받은
인물이다.
음·양 오행에 밝으며 실전태권도(문무타격도)의 이론과 실제에 능하다. 실전태권도에 대한
그의 뛰어난 교수법은 국내는 물론 해외에서도 각광을 받고 있다.

평택고등학교 졸업
한경대학교 중퇴
태권도 팽성체육관 관장(전)
경기도 태권도협회 심판부위원장(전)
경기도태권도협회 감독관(전)
평택시 태권도협회 전무이사(전)
키르키스 대통령 경호원, KGB 군관학교 무술지도(전)
키르키스 태권도협회 기술위원장(전)
태권도 9단
프로태권도 9단
대한태권도협회 1급 심판원
대한태권도협회 1급 지도자
평택 왕호체육관 관장(현)
(국립)키르키스체육대학교 전임강사(전)
(국립)키르키스 교육대학교 명예교수(현)
러시아 쿠반체육대학교 명예교수(현)

- 시연자2 프로필 -

김 희 도 (1955~)

한국체육대학교 태권도학과 졸업

한국체육대학교 대학원 석사 졸업

국민대학교 대학원 박사 (체육학)

2006 WTF세계품새선수권대회 금메달 획득

2007 WTF세계품새선수권대회 금메달 획득

2016 WTF세계품새선수권대회 금메달 획득

2012, 2016 경주코리아오픈 챔피언십 금메달 획득

2011년 10월 14일 체육훈장 백마장 수상

태권도 8단

프로태권도 9단

국기원 연수원 품새실기 교수(현)

한국체육대학교 석박사동문회 4대 회장(현)

세계선교태권도협회 사무총장(현)

정통 실전태권도

초판인쇄 : 2021. 04. 05.

저　　자 : 박영수 신효균

편 집 자 : 牙山 정락희

펴 낸 곳 : 도서출판 위

구입 및 수련문의

1) 국제태권도신문

주　　소 : 서울특별시 서대문구 거북골로14길 53

연 락 처 : 02) 424-2174

2) 태권도 평택 왕호체육관 (정통실전태권도 무예수련원)

주　　소 : 경기도 평택시 팽성읍 안정로 58번길 29

연 락 처 : 031) 656-8018

E - M a i l : hilltown8018@naver.com

정　　가 : 22,000원